CRYPTOGRAPHIE INDÉCHIFFRABLE

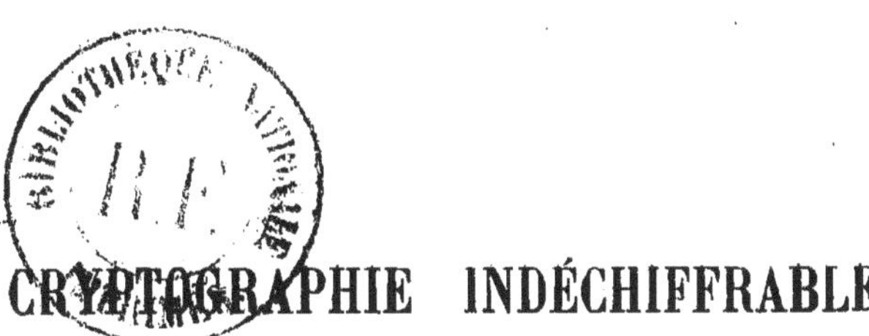

Lt-Colonel **E. MYSZKOWSKI**

Officier supérieur en retraite

Cryptographie Indéchiffrable

BASÉE SUR DE

NOUVELLES COMBINAISONS RATIONNELLES

PARIS

SOCIÉTÉ FRANÇAISE D'IMPRIMERIE ET DE LIBRAIRIE

15, RUE DE CLUNY, 15

1902

PRÉFACE

L'utilité de combinaisons cryptographiques simples, d'un emploi commode et réellement indéchiffrables est trop évidente pour que nous ayons besoin de l'établir. De tout temps le secret de la correspondance entre les particuliers aussi bien qu'entre les gouvernements et leurs agents a été reconnu comme une nécessité de premier ordre.

Et cependant, malgré l'importance de la question, il faut reconnaître que la Cryptographie est encore restée jusqu'à ce jour une science élémentaire et presque enfantine : tous les systèmes imaginés par les cryptologues les plus en vue ont conduit à des désillusions, à des déboires, les adeptes confiants qui ont eu l'imprudence de les employer.

La cryptographie indéchiffrable était encore à trouver.

Nous avons abordé le problème résolument, et le lecteur attentif comprendra sans peine, comme sans connaissances préalables spéciales, l'importance des solutions que nous avons établies : tant pour l'usage courant de la correspondance usuelle, que pour le chiffrement des dépêches importantes dans l'armée, dans la diplomatie comme dans la politique.

Nos méthodes ne sont pas nouvelles, car, en cryptographie, les méthodes de tout genre sont vieilles comme le monde ; seuls nos procédés systématiques ont quelque mérite : par le minimum d'artifice dans les moyens nous avons obtenu le maximum de complexité dans les résultats, grâce à laquelle nous assurons l'indéchiffrabilité tant cherchée.

L'une de ces solutions conduit à une simple lecture sur un tableau d'alphabets algébriquement intervertis ; elle ne nécessite, chez l'opérateur qui l'applique, aucune tension d'esprit, aucun apprentissage technique.

Une autre solution, basée sur les interversions et transpositions des lettres de l'alphabet normal, n'exige qu'un peu de soin dans les écritures ; dans le fait, elle réalise le *desideratum* tant cherché en cryptographie : chiffrer et déchiffrer avec le seul secours de papier et d'un crayon.

Enfin, replaçant le procédé des dictionnaires chiffrés sur le terrain solide de la simplicité théorique, nous avons substitué deux modestes feuilles volantes aux répertoires volumineux employés jusqu'à présent.

Dans les quelques pages qui vont suivre nous décrivons ces divers moyens dans tous leurs détails. Nous aurions pu borner notre travail au simple exposé des combinaisons rationnellement imaginées ; nous avons pensé toutefois que cette limitation un peu trop abstraite n'entraînerait pas suffisamment, dans l'esprit du lecteur non initié préalablement aux méthodes cryptographiques, la conviction qu'il possède dorénavant un système d'écriture absolument indéchiffrable. Pour asseoir plus solidement cette conviction, nous avons fait précéder chaque procédé de l'énumération des méthodes sur lesquelles il repose, méthodes déjà connues, nous le répétons, mais dont l'application avait été jusqu'ici singulièrement défectueuse.

La critique des procédés anciens mise en parallèle avec l'exposition des combinaisons nouvelles permettra au lecteur d'apprécier la valeur du progrès que nous nous sommes efforcé de faire réaliser à la science cryptologique.

L^t-C^l E. Myszkowski.

Décembre 1901.

CRYPTOGRAPHIE INDÉCHIFFRABLE

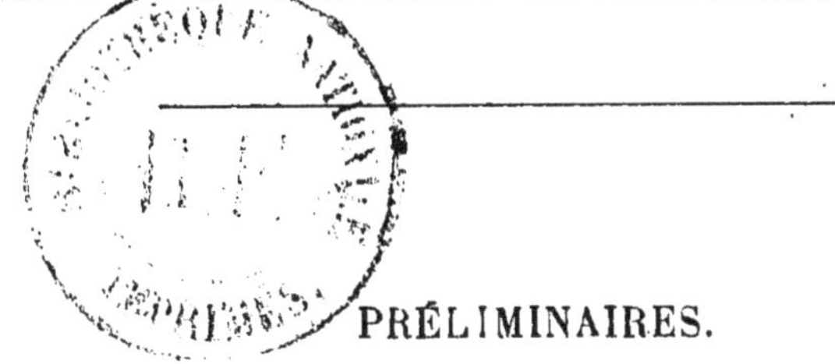

PRÉLIMINAIRES.

DESIDERATA DE LA CRYPTOGRAPHIE.

La Cryptographie se propose de transformer, d'après un
mode conventionnel adopté entre deux correspondants, un
texte écrit en clair, c'est-à-dire en langage courant, en un
autre texte appelé *cryptogramme* dans lequel les assemblages
de lettres ou autres signes graphiques auront cessé de présenter un sens intelligible pour toute autre personne que les deux
adeptes.

On dit aussi que la Cryptographie est l'*Art de chiffrer*, parce
que certains systèmes d'écriture secrète sont basés plus spé-
cialement sur la rédaction du cryptogramme *en chiffres*. De là
sont venues les expressions *chiffrement* et *déchiffrement* qui,
dans le langage technique, s'appliquent aussi bien aux systèmes littéraux qu'aux procédés numériques.

La sécurité de la correspondance secrète ne peut être assu-
rée que lorsque la méthode cryptographique employée présentera les garanties suivantes :

1o Le système doit être pratiquement et même mathématiquement indéchiffrable. Nous entendons par là que l'indiscret
qui se proposera, par tâtonnements ou calculs, de reconstituer
le texte clair d'après le cryptogramme, sera tenu à effectuer un
nombre d'essais divers égal à l'infini, ce qui équivaut à une
impossibilité.

2º Le système doit être d'une application facile ; il ne doit comporter ni appareils d'un mécanisme compliqué, ni écritures minutieuses qui conduiraient infailliblement à des erreurs de transcription.

3º Le cryptogramme doit présenter une contexture telle qu'il puisse être, sans modification de texte, transmis par le télégraphe.

4º La méthode cryptographique employée ne doit pas comporter le secret : plusieurs personnes étrangères l'une à l'autre pourront employer la même méthode sans que la sécurité de leurs correspondances puisse être compromise, sous la seule condition qu'elles auront employé des clefs différentes.

Dans toute méthode cryptographique, la *clef* est une certaine convention secrète, variable au choix des correspondants, habituellement constituée par un assemblage de lettres ou de chiffres, et précisant en dernière analyse la série des opérations à effectuer pour chiffrer ou déchiffrer.

5º Dans la correspondance commerciale, il n'y a pas à redouter que la clef puisse être saisie par des étrangers : dès lors le secret de la clef est assuré par l'inviolabilité même des correspondants ; dans ce cas, les industriels, les hommes d'affaires, les financiers pourront sans inconvénient employer des clefs un peu compliquées qu'ils conserveront par devers eux sous forme de notes écrites ; et, dans le cas même où la méthode comporterait l'emploi d'appareils ou de tableaux, ils pourront sans danger maintenir leurs appareils montés à la clef.

6º Dans la correspondance militaire, politique ou diplomatique, il ne faudrait pas compter sur l'inviolabilité des personnes ou du domicile pour assurer le secret de la clef ; cette inviolabilité n'existant plus, il y a lieu de ne placer sa confiance que dans une méthode d'écriture secrète, fondée sur l'emploi d'une clef tellement simple que celle-ci pourra facilement être retenue de mémoire sans nécessiter le secours de notes écrites.

7º Outre la simplicité de la clef, la correspondance militaire, politique ou diplomatique nécessite aussi la simplicité du système, de telle sorte que les correspondants puissent chiffrer et déchiffrer avec le seul secours d'un crayon et d'une feuille de papier. Tout appareil mécanique, tout tableau conventionnel destiné à faciliter les lectures doit être écarté et remplacé par des combinaisons d'écriture sur feuille volante qui sera brûlée après chiffrement ou déchiffrement effectué. On gagnera en sécurité ce qu'on aura perdu en rapidité de transcription.

Quelques-unes des conditions que nous venons d'énumérer pourront sembler trop radicales, et la plupart des cryptologues professionnels les ont considérées jusqu'ici comme irréalisables. Notre avis personnel est qu'elles sont indispensables, et d'avance nous qualifierons d'illusoire tout système d'écriture secrète qui ne présenterait pas les garanties de sécurité que nous avons mentionnées. Nous en ajouterons même une dernière qui ne peut manquer de paraître exagérée, et que nous estimons néanmoins être parfaitement réalisable; la voici :

8o Même étant admise la connaissance du système cryptographique employé, le *rapprochement* du texte *clair* et du texte *chiffré* ne doit pas conduire à la divulgation de la clef.

Pour comprendre l'importance de cette nécessité, nous allons citer deux exemples qui feront ressortir l'inconvénient grave résultant toujours de sa non-application. Considérons le cas d'un rédacteur en mission qui correspond avec son journal : un cryptogramme est expédié par voie télégraphique ; le lendemain le journal offre en clair à ses lecteurs le texte intégral de la dépêche qu'il a reçue chiffrée. Il en résulte que l'administration du télégraphe possédera dès lors à la fois et le texte chiffré et la traduction en clair ; or, avec les systèmes imparfaits usités jusqu'à présent, la comparaison des deux textes a toujours fait ressortir, sans grande difficulté, la composition de la clef ; au reçu, donc, des dépêches ultérieures chiffrées avec la même clef, le déchiffreur administratif lira à livre ouvert une correspondance que le journaliste a encore la simplicité de croire secrète.

L'autre exemple est plus grave : c'est celui d'un ambassadeur qui correspond en chiffre avec son gouvernement. Quelque temps après, le gouvernement expose ses actes devant le parlement du pays et, sous forme de livre bleu, jaune ou rouge, il fait distribuer à tous les députés ou sénateurs le recueil des dépêches reçues dans le cours de l'année. La publication de ce recueil équivaut de toute évidence à la livraison à l'ennemi de tout le secret de la cryptographie diplomatique.

Nous n'apprendrons rien à personne en rappelant que les gouvernements entretiennent tous, par raison d'Etat, des cabinets noirs et des offices de déchiffrement. Partout les administrations des télégraphes communiquent à leur gouvernement les textes chiffrés qu'elles ont transmis ; partout il existe des déchiffreurs habiles, patients et expérimentés qui, après quelques minutes d'examen d'un texte chiffré et de sa traduction, n'ont pas de peine à reconstituer tout le système cryptographique employé, y compris la clef dont la connaissance permettra, à l'avenir, de lire au jour le jour une correspondance que des diplomates trop confiants continueront à croire secrète.

Par le seul fait qu'une dépêche remise au télégraphe sera rédigée en texte chiffré, elle deviendra suspecte, et les indiscrétions administratives sont à craindre : c'est aux particuliers, c'est aux gouvernements intéressés à prendre leurs précautions en conséquence et à n'employer, ainsi que nous l'avons dit, que des méthodes d'écriture secrète où le rapprochement du texte clair avec le texte chiffré ne puisse faire ressortir la clef.

1re PARTIE.

CRYPTOGRAPHIE PAR INTERVERSION.

A. Systéme à simple clef.

Sur une première ligne horizontale inscrivons les lettres de l'alphabet dans leur ordre normal de A à Z. Immédiatement au-dessous disposons les lettres du même alphabet rangées, cette fois, non plus dans l'ordre normal, mais dans un ordre conventionnel absolument quelconque. Nous obtiendrons un tableau analogue au suivant :

A B C D E F G H I J K L M N O P Q R S T U V X Y Z
d z j n h q l s p e r i t a y v f u m x b o g k c

Nota : Le W n'existe pas dans les appareils télégraphiques Hughes et Baudot ; nous l'avons en conséquence supprimé dans notre alphabet, et il en sera de même dans tout le cours de cette étude. Lorsqu'il y aura lieu de chiffrer un W, il sera toujours loisible de le considérer comme équivalant à deux V successifs.

Convenons maintenant que les lettres du texte en clair prises dans la ligne supérieure soient chiffrées par la lettre correspondante de la ligne du bas : nous aurons ainsi un système à *simple clef*, dans lequel l'alphabet conventionnel substitué à l'alphabet normal constituera précisément la clef, c'est-à-dire le facteur variable du système.

Soit à chiffrer d'après ce tableau : *La prudence est mère de la sûreté.* Nous obtiendrons :

id vubnhajh hmx thuh nh id mbuhxh.

Au reçu de ce cryptogramme, le correspondant qui possède la même clef fera l'opération inverse de la nôtre, c'est-à-dire qu'il prendra les lettres du texte chiffré sur la ligne du bas et qu'il lira en clair par les lettres correspondantes de la ligne supérieure.

Déchiffrement sans clef. — Pour apprécier la valeur de ce système, proposons-nous de déchiffrer un texte dont nous ne possédons pas la clef ; soit :

olv jgkgnoorzv frbxolkldrzk vgzv dlkgdy olmdv
inidlv lk olmdv bmznknrzv lk vl knlzydrzk
xdlkv g bgdfuld ylv kdrnv ulmdlv.

Le principe qui servira de point de départ à notre déchiffrement repose sur la fréquence des lettres dans la langue française. Tout le monde a remarqué que certaines lettres comme *e* et *s* se présentent très fréquemment sous la plume, tandis que d'autres telles que *k* et *y* ne sont que très rarement employées ; le chiffre moyen de la fréquence de chaque lettre est même assez constant, en sorte que, d'après les relèvements opérés sur diverses circulaires du Ministre de la guerre, M. Kerckhoffs a été conduit à évaluer ainsi qu'il suit la moyenne pour 1000 de chacune des lettres de l'alphabet :

E = 185	N = 71	D = 42	F = 14	B = 5
S = 88	T = 65	M = 36	Q = 10	H = 4
R = 78	O = 57	C = 34	G = 8	Z = 3
I = 74	U = 52	P = 24	X = 7	Y = 1
A = 72	L = 46	V = 16	J = 6	K = 0

Le principe de la prédominance de certaines lettres étant nettement établi, nous l'appliquerons en recherchant dans notre cryptogramme les lettres les plus fréquentes ; L se trouve employé 16 fois, nous supposerons qu'il doit se traduire par E en texte clair ; de même V employé 13 fois correspond peut-être à S ; D que nous trouvons 12 fois peut être la lettre conventionnelle substituée à R.

D'autre part, le 15ᵉ mot de la dépêche *g* peut être lu avec quelque vraisemblance, car la langue française ne possède que deux monogrammes, *a* et *y* ; *a* étant de beaucoup le plus fréquemment employé, nous supposerons que G = A.

De même, les 8ᵉ et 11ᵉ mots *lk* dans lesquels nous savons déjà que *l* correspond à E, ne peuvent se traduire que par *et* ou *en ;* le premier de ces bigrammes étant le plus fréquent, nous sommes conduits à admettre que K = T.

Ceci admis, établissons notre cryptogramme en écrivant les cinq lettres claires que nous venons de supposer :

.es .ata.....s .....eter..t sa.s retar. .e.rs ...res et .e.rs, etc.

Certains mots ressortent déjà clairement ; le premier mot doit être choisi parmi les trigrammes peu nombreux de la langue française *les, des, mes, ses ;* le plus fréquent est *les,* en sorte qu'on peut admettre O = L.

Les 6e et 9e mots se traduisent alors par *le.rs ;* nous devons lire *leurs,* en sorte que M = U. Enfin *sa.s* donne manifestement *sans,* et alors Z = N ; et *retar.* donne *retard,* d'où Y = D. Dès lors la lecture ne présente aucune difficulté.

les .ata.ll.ns ....leter.nt sans retard leurs ...res et leurs .un.t..ns et se t.endr.nt .rets a .ar..er des tr..s .eures

Le texte complet : « *les bataillons compléteront sans retard leurs vivres et leurs munitions et se tiendront prêts à marcher dès trois heures* », nous permet ainsi de rétablir presque intégralement l'alphabet conventionnel employé, savoir :

ABCDEFGHIJKLMNOPQRSTUVXYZ
gjfyl..un..obzrx.dvkmi...

Le fondement de nos déductions, avons-nous dit, consiste dans la recherche des lettres *e, s* et *r ;* en thèse générale, la connaissance de la lettre *e* suffit, et il n'est pas de déchiffreur tant soit peu expérimenté qui ne puisse lire presque sans tâtonnement un texte où il aura placé les *e.* Cette remarque est d'application générale en cryptographie, en sorte qu'on a pu dire avec raison que la valeur d'un système d'écriture secrète se mesure aux garanties qu'il offre contre la découverte de la lettre *e.*

Dans le cas des systèmes à simple clef, la découverte du signe substitué à la lettre *e* ne présente aucune difficulté : ce sera toujours le signe le plus fréquent du texte chiffré ;

on doit conclure que ces systèmes peuvent se déchiffrer à première vue et ne présentent par suite aucune garantie de sécurité.

B. **Système à double clef.**

La méthode à *double clef* consiste dans l'emploi de plusieurs alphabets conventionnels chiffrant successivement chaque lettre dans un ordre périodique convenu entre les deux correspondants.

L'établissement des alphabets conventionnels doit nécessairement découler de l'application d'une règle assez simple pour que chaque correspondant puisse en tracer le tableau de mémoire, sans avoir à recourir à des notes manuscrites.

CHIFFRE CARRÉ DE VIGENÈRE.

	A	B	C	D	E	F	G	H	I	J	K	L	M	N	O	P	Q	R	S	T	U	V	X	Y	Z
A	a	b	c	d	e	f	g	h	i	j	k	l	m	n	o	p	q	r	s	t	u	v	x	y	z
B	b	c	d	e	f	g	h	i	j	k	l	m	n	o	p	q	r	s	t	u	v	x	y	z	a
C	c	d	e	f	g	h	i	j	k	l	m	n	o	p	q	r	s	t	u	v	x	y	z	a	b
D	d	e	f	g	h	i	j	k	l	m	n	o	p	q	r	s	t	u	v	x	y	z	a	b	c
E	e	f	g	h	i	j	k	l	m	n	o	p	q	r	s	t	u	v	x	y	z	a	b	c	d
F	f	g	h	i	j	k	l	m	n	o	p	q	r	s	t	u	v	x	y	z	a	b	c	d	e
G	g	h	i	j	k	l	m	n	o	p	q	r	s	t	u	v	x	y	z	a	b	c	d	e	f
H	h	i	j	k	l	m	n	o	p	q	r	s	t	u	v	x	y	z	a	b	c	d	e	f	g
I	i	j	k	l	m	n	o	p	q	r	s	t	u	v	x	y	z	a	b	c	d	e	f	g	h
J	j	k	l	m	n	o	p	q	r	s	t	u	v	x	y	z	a	b	c	d	e	f	g	h	i
K	k	l	m	n	o	p	q	r	s	t	u	v	x	y	z	a	b	c	d	e	f	g	h	i	j
L	l	m	n	o	p	q	r	s	t	u	v	x	y	z	a	b	c	d	e	f	g	h	i	j	k
M	m	n	o	p	q	r	s	t	u	v	x	y	z	a	b	c	d	e	f	g	h	i	j	k	l
N	n	o	p	q	r	s	t	u	v	x	y	z	a	b	c	d	e	f	g	h	i	j	k	l	m
O	o	p	q	r	s	t	u	v	x	y	z	a	b	c	d	e	f	g	h	i	j	k	l	m	n
P	p	q	r	s	t	u	v	x	y	z	a	b	c	d	e	f	g	h	i	j	k	l	m	n	o
Q	q	r	s	t	u	v	x	y	z	a	b	c	d	e	f	g	h	i	j	k	l	m	n	o	p
R	r	s	t	u	v	x	y	z	a	b	c	d	e	f	g	h	i	j	k	l	m	n	o	p	q
S	s	t	u	v	x	y	z	a	b	c	d	e	f	g	h	i	j	k	l	m	n	o	p	q	r
T	t	u	v	x	y	z	a	b	c	d	e	f	g	h	i	j	k	l	m	n	o	p	q	r	s
U	u	v	x	y	z	a	b	c	d	e	f	g	h	i	j	k	l	m	n	o	p	q	r	s	t
V	v	x	y	z	a	b	c	d	e	f	g	h	i	j	k	l	m	n	o	p	q	r	s	t	u
X	x	y	z	a	b	c	d	e	f	g	h	i	j	k	l	m	n	o	p	q	r	s	t	u	v
Y	y	z	a	b	c	d	e	f	g	h	i	j	k	l	m	n	o	p	q	r	s	t	u	v	x
Z	z	a	b	c	d	e	f	g	h	i	j	k	l	m	n	o	p	q	r	s	t	u	v	x	y

La disposition la plus simple est celle qui est appliquée
dans le tableau imaginé par Blaise de Vigenère (1586) : la
ligne horizontale supérieure donne les lettres du texte clair
dans l'ordre normal de l'alphabet ; on chiffrera sur les lignes
horizontales suivantes, chacune d'elles commençant par une
lettre différente, de *a* à *z*, à partir de laquelle l'alphabet se
continue également dans l'ordre normal. Chacun des alphabets conventionnels sera désigné précisément par la lettre qui
le commence.

Il n'est pas nécessaire d'utiliser les 25 alphabets cryptographiques pour la rédaction d'un même cryptogramme : on
en choisit un certain nombre désignés par les lettres successives d'un mot-clef ; soit LUC le mot convenu, et soit maintenant à chiffrer : *attaquez demain matin*. On aura :

a t t	a q u	e z d	e m a	i n m	a t i	n
L U C	L U C	L U C	L U C	L U C	L U C	L
l o v	l l x	p t f	p h c	t i o	l o k	z

= lovllxptfphctiolokz.

Pour lire le texte chiffré, connaissant le mot-clef, on fera
l'opération inverse : la première lettre *l* sera prise sur la ligne
horizontale de l'alphabet cryptographique L et on remontera
verticalement jusqu'à la rencontre de l'alphabet clair ; on lit **A**.
La deuxième lettre *o* prise sur l'alphabet horizontal U correspond verticalement à la lettre claire T ; ainsi de suite en em-
ployant périodiquement les alphabets L, U et C autant de fois
qu'il est nécessaire.

Réglette de Saint-Cyr. — Les cahiers d'enseignement de
l'Ecole spéciale militaire donnent la description d'un dispositif
simple et essentiellement pratique, dont l'emploi est destiné
à se substituer à celui du tableau de Vigenère, tout en condui-
sant au même texte chiffré pour une même clef adoptée. Ce
dispositif comporte un *alphabet fixe* sous lequel glisse un
double-alphabet mobile ; deux bandes de papier quadrillé y
suffisent.

A	B	C	D	E	F	G	H	I	J	K	L	M	N	O	P	Q	R	S	T	U	V	X	Y	Z
a	b	c	d	e	f	g	h	i	j	k	l	m	n	o	p	q	r	s	t	u	v	x	y	z	a	b	c	d	etc

Le tableau qui précède donne l'appareil disposé pour chiffrer avec l'alphabet *b* ; on prend la lettre claire sur l'alphabet fixe et on cryptographie par la lettre correspondante du double-alphabet mobile. En chiffrant la phrase donnée ci-dessus *attaquez demain matin*, avec la même clef LUC, le lecteur pourra s'assurer qu'on obtient encore, comme avec le tableau de Vigenère :

l o v l l x p... etc.

En cas de perte, la réglette de Saint-Cyr peut être refaite en quelques secondes, tandis que le tableau de Vigenère est long à établir.

Procédé de Beaufort. — L'amiral anglais Francis Beaufort a apporté à l'emploi du tableau de Vigenère une modification qui a provoqué, à l'époque (1857), l'enthousiasme de ses concitoyens. Au lieu de chiffrer, comme on le faisait auparavant, par la lettre qui se trouve à l'intersection de la verticale de la lettre claire avec l'horizontale de l'alphabet indiqué par la clef, le cryptologue anglais descend la verticale de la lettre claire jusqu'à la rencontre de la lettre indiquée par la clef, puis il se transporte horizontalement vers la gauche jusqu'à la lettre indicatrice de chaque alphabet cryptographique ; il chiffre par cette dernière lettre.

La phrase déjà citée, *attaquez demain matin*, chiffrée avec la même clef LUC, donnera :

l b i l e h h v z h i c d h p l b t y.

Un peu de réflexion fera voir qu'on obtiendrait exactement le même résultat en utilisant le tableau de Vigenère de la façon habituelle, sous la seule condition d'apporter à ce tableau une légère modification : placez en tête du tableau non plus l'alphabet normal de A à Z, mais l'alphabet renversé de Z à A.

La réglette de Saint-Cyr, qui, nous le savons, équivaut au tableau de Vigenère, va nous permettre de vérifier ce fait ; renversons l'alphabet fixe sans modifier la réglette mobile et alignons successivement sous l'A fixe les lettres mobiles *l, u, c* :

Z	Y	X	V	U	T	S	R	Q	P	O	N	M	L	K	J	I	H	G	F	E	D	C	B	A
k	l	m	n	o	p	q	r	s	t	u	v	x	y	z	a	b	c	d	e	f	g	h	i	j
s	t	u	v	x	y	z	a	b	c	d	e	f	g	h	i	j	k	l	m	n	o	p	q	r
b	c	d	e	f	g	h	i	j	k	l	m	n	o	p	q	r	s	t	u	v	x	y	z	a

(k l m n o ... suite : k l m n o — s t u v x — b c d e f)

Le relèvement du cryptogramme nous donnera bien :

1 b i l e h..... etc.

comme dans le procédé de l'inventeur anglais.

Alphabet irrégulier régulièrement interverti. — Une autre modification a été apportée au tableau de Vigenère : on a imaginé de constituer les alphabets cryptographiques non plus par l'alphabet régulier de *a* à *z*, mais par un alphabet *irrégulier* quelconque ; chaque alphabet chiffrant commencera

A	B	C	D	E	F	G	H	I	J	K	L	M	N	O	P	Q	R	S	T	U	V	X	Y	Z
c	o	m	b	a	t	d	e	l	i	g	n	y	f	h	j	k	p	q	r	s	u	v	x	z
o	m	b	a	t	d	e	l	i	g	n	y	f	h	j	k	p	q	r	s	u	v	x	z	c
m	b	a	t	d	e	l	i	g	n	y	f	h	j	k	p	q	r	s	u	v	x	z	c	o
b	a	t	d	e	l	i	g	n	y	f	h	j	k	p	q	r	s	u	v	x	z	c	o	m
a	t	d	e	l	i	g	n	y	f	h	j	k	p	q	r	s	u	v	x	z	c	o	m	b
t	d	e	l	i	g	n	y	f	h	j	k	p	q	r	s	u	v	x	z	c	o	m	b	a
d	e	l	i	g	n	y	f	h	j	k	p	q	r	s	u	v	x	z	c	o	m	b	a	t
e	l	i	g	n	y	f	h	j	k	p	q	r	s	u	v	x	z	c	o	m	b	a	t	d
l	i	g	n	y	f	h	j	k	p	q	r	s	u	v	x	z	c	o	m	b	a	t	d	e
i	g	n	y	f	h	j	k	p	q	r	s	u	v	x	z	c	o	m	b	a	t	d	e	l
g	n	y	f	h	j	k	p	q	r	s	u	v	x	z	c	o	m	b	a	t	d	e	l	i
n	y	f	h	j	k	p	q	r	s	u	v	x	z	c	o	m	b	a	t	d	e	l	i	g
y	f	h	j	k	p	q	r	s	u	v	x	z	c	o	m	b	a	t	d	e	l	i	g	n
f	h	j	k	p	q	r	s	u	v	x	z	c	o	m	b	a	t	d	e	l	i	g	n	y
h	j	k	p	q	r	s	u	v	x	z	c	o	m	b	a	t	d	e	l	i	g	n	y	f
j	k	p	q	r	s	u	v	x	z	c	o	m	b	a	t	d	e	l	i	g	n	y	f	h
k	p	q	r	s	u	v	x	z	c	o	m	b	a	t	d	e	l	i	g	n	y	f	h	j
p	q	r	s	u	v	x	z	c	o	m	b	a	t	d	e	l	i	g	n	y	f	h	j	k
q	r	s	u	v	x	z	c	o	m	b	a	t	d	e	l	i	g	n	y	f	h	j	k	p
r	s	u	v	x	z	c	o	m	b	a	t	d	e	l	i	g	n	y	f	h	j	k	p	q
s	u	v	x	z	c	o	m	b	a	t	d	e	l	i	g	n	y	f	h	j	k	p	q	r
u	v	x	z	c	o	m	b	a	t	d	e	l	i	g	n	y	f	h	j	k	p	q	r	s
v	x	z	c	o	m	b	a	t	d	e	l	i	g	n	y	f	h	j	k	p	q	r	s	u
x	z	c	o	m	b	a	t	d	e	l	i	g	n	y	f	h	j	k	p	q	r	s	u	v
z	c	o	m	b	a	t	d	e	l	i	g	n	y	f	h	j	k	p	q	r	s	u	v	x

encore par une lettre différente et se continuera dans l'ordre conventionnel adopté.

Il importe que l'alphabet irrégulier puisse être retenu de mémoire ; dans ce but, l'alphabet sera constitué d'après une clef composée elle-même de un ou plusieurs mots, et les lettres qui n'auront pas trouvé place dans la clef seront rapportées à la suite dans l'ordre de l'alphabet normal. Ainsi, le tableau qui suit, construit selon la clef *combat de Ligny*, sera utilisé soit d'après le mode de Vigenère, soit d'après la variante introduite par l'amiral Beaufort.

Dans la pratique, on se dispensera de dresser le tableau en chiffre carré, et l'on se bornera plus simplement à tracer une réglette en double alphabet conventionnel, qui glissera sous un alphabet fixe, lequel sera maintenu dans l'ordre normal pour le mode d'emploi selon Vigenère, ou disposé dans l'ordre inverse pour le chiffrement selon Beaufort.

C. Déchiffrement des systèmes à double clef.

Soit à déchiffrer, sans clef, le cryptogramme suivant que nous savons, d'après son origine connue, être relatif à des questions de service militaire et que nous supposons avoir été rédigé d'après un système à double clef. Les seules présomptions, bien vagues d'ailleurs, que nous puissions entrevoir sont d'y rencontrer un de ces mots fréquents du langage militaire, tels que *soldat*, *officier*, *régiment*, *général*,... etc. :

u z o k q j b u a o e i s k s r b p u e o c g k j f z m i o u c g k g s g y
m e i a t k s x h h x e s n j t i j f p t c h r y s h j z q e c o k u r m c a j e q
j u i a e i u k d x f z u q o i u p n o g t i h o e i p a m o r o d q j f p o q x j
n l o f x e t g k z l d o z b p p c c k g d m e u p s o s r o n e u z j

De même que pour les systèmes à simple clef, le point de départ de notre déchiffrement consistera dans la recherche des *e*, puisque dans chaque alphabet employé la lettre représentative de *e* doit être la plus fréquente ; les alphabets, nous le savons, se représentent périodiquement dans le même ordre ; mais il serait nécessaire de déterminer tout d'abord le nombre de ces alphabets afin de pouvoir attribuer chacune des lettres du cryptogramme à tel ou tel alphabet ; ce *nombre* n'est autre chose, d'ailleurs, que celui des lettres de la clef.

Nombre d'alphabets. — La langue française présente des assemblages de lettres qui se renouvellent assez fréquemment, tels que les bigrammes *el, ne, ou, ts,* ou les trigrammes *nou, res,* ou même les tétragrammes *elle, ents,...* etc. ; ces assemblages peuvent d'ailleurs se produire dans le rapprochement des mots successifs, tout aussi bien que dans la contexture même des mots isolés. Supposons qu'un de ces assemblages se présente deux ou plusieurs fois, dans le cours d'une dépêche à chiffrer, en situation telle que leur distance réciproque, comptée en nombre de lettres, soit un multiple du nombre des lettres qui composent la clef à employer : il est bien évident qu'ils seront chiffrés avec les mêmes alphabets, représentés par suite par les mêmes lettres, en sorte que le cryptogramme contiendra lui-même certains groupements de lettres identiques les uns aux autres et séparés par un intervalle encore *multiple* du nombre de la clef. — Réciproquement si, dans une dépêche chiffrée dont nous ne connaîtrons pas la clef, nous venons à rencontrer des groupes de lettres identiques les uns aux autres, il y aura lieu de supposer que l'intervalle qui les sépare est précisément un multiple du nombre inconnu de la clef : les différents multiples donnés par plusieurs répétitions présenteront un *facteur commun* qui sera, en dernière analyse, le *nombre* cherché de la clef. Appliquons ce principe à notre cryptogramme ; dès les premiers mots nous rencontrons des bigrammes et même des trigrammes

$\overline{uz}$ $\overline{ok}$ $\overline{qj}$ bua $\overline{oei}$ sksr $\overline{bp}$ ueo $\overline{cgk}$.... etc.,

que le lecteur retrouvera facilement plus loin. Faisons le compte des intervalles.

De uz à	u'z'	la distance est	155 $= 31 \times 5$
— ok —	o'k'	—	68
— qj —	q'j'	—	75 $= 15 \times 5$
— oei —	o'e'i'	—	95 $= 19 \times 5$
— bp —	b'p'	—	120 $= 24 \times 5$
— cgk —	c'g'k'	—	10 $= 2 \times 5$

Le facteur commun qui ressort clairement est 5 : donc la clef se compose de 5 lettres, en sorte qu'il y a eu 5 alphabets employés dans le chiffrement de la dépêche. La distance de *ok* à *o' k'* ne comporte pas le facteur 5, ce qui indique que ce groupement est occasionnel et n'a aucun rapport avec le chiffre de la clef.

Fréquence des lettres. — Nous pouvons maintenant classer les lettres par alphabet ; il suffit de scinder la dépêche par groupes de 5 lettres et d'écrire les groupes les uns au-dessous des autres : les lettres comprises dans une même colonne verticale appartiendront au même alphabet.

I	II	III	IV	V
u	z	o	k	q
j	b	u	a	o
e	i	s	k	s
r	b	p	u	e
o	c	g	k	j
f	z	m	i	o
		etc.		

Dans chaque colonne recherchons la lettre le plus fréquemment employée ; nos études précédentes sur les systèmes à un seul alphabet nous ont appris que cette lettre la plus fréquente correspond à E du texte clair.

$$
\begin{array}{llllll}
\text{I.} & j & \text{figure} & 5 \text{ fois,} & \text{donc} & j = E \\
\text{II.} & z & — & 6 \text{ fois,} & — & z = E \\
\text{III.} & p & — & 7 \text{ fois,} & -- & p = E \\
\text{IV.} & k & — & 5 \text{ fois,} & — & k = E \\
\text{V.} & o & — & 7 \text{ fois,} & — & o = E
\end{array}
$$

Cette détermination nous permet déjà de rétablir le texte avec tous les *e* en clair :

.e.e.e...e...e...e....e..e..e..., etc.

Dès le début, la répétition des *e* et leur disposition font ressortir une dénomination très souvent employée dans le langage militaire : *le général*. Inscrivons les lettres trouvées en dessous du texte chiffré divisé par groupes de cinq lettres :

```
uzokq  jbuao  eisks  rbpue  ocgkj.....  etc.
legen  erale  ...e.  .re..  ...e.
```

Cette disposition fait voir que :

dans le 1er alphabet   u = L
—   2e   —   b = R
—   3e   —   o = G et u = A
—   4e   —   a = L
—   5e   —   q = N

L'auteur de la dépêche, en commençant son texte par *le
général*, a dû se désigner lui-même ou mentionner une autre
personnalité militaire ; dans l'un et l'autre cas il a dû compléter ce terme un peu vague par l'indication du commande-
ment : *de brigade, de division*, ou *en chef*. La dernière désigna-
tion correspond seule à la disposition des *e*. Ecrivons :

o   e i s k s   r b p u e   o c g k j ..... etc.
e   n c h e f   . r e . .   . . . e.

dans le 1er alphabet   e = N
—   2e   —   i = C
—   3e   —   s = H
—   5e   —   s = F

Nous avons maintenant à déterminer une lettre avant *re*.
Essayons les consonnes : *bre, cre, dre*, etc. : aucune d'elles ne
nous fournit un commencement de sens.

Essayons les voyelles : *a re..... e*.

Nous devons avoir un verbe au passé : *renouvelé, rencon-
tré, remarqué*, etc. Les deux premiers mots ne concordent pas
avec la position de l'*e* qui suit ; le troisième mot s'encadre
bien : admettons-le jusqu'à preuve d'erreur.

r b p u e   o c g k j   f z m i o   u c g k g.... etc.
a r e m a   r q u e .   . e . . e   l q u e.

dans le 1er alphabet   r = A et o = R
—   2e   —   c = Q
—   3e   —   g = U
—   4e   —   u = M
—   5e   —   e = A

D'après la syntaxe, on remarque un objet, une personne,

ou bien on remarque *que* tel fait se produit. Le mot *que* semble désigné par le placement de l'*e* qui vient après nos deux lettres inconnues. Enfin, le mot qui suit est déjà suffisamment échafaudé..*elque*. pour que nous puissions lire *quelque*. Cela nous donnerait :

dans le 1ᵉʳ alphabet   f = U
—   3ᵉ   —   m = Q
—   4ᵉ   —   i = U
—   5ᵉ   —   j = Q

Parvenus à ce point de notre déchiffrement qui a découlé jusqu'ici du raisonnement et du tâtonnement combinés, il convient d'avoir recours à un nouveau principe qui nous servira à la fois de vérification pour le travail passé et de guide pour l'œuvre à venir.

Symétrie de position. — Sous un alphabet normal représentant les lettres en clair, inscrivons, pour chaque alphabet, les lettres que nous avons déchiffrées aux places qui leur conviennent :

	A	B	C	D	E	F	G	H	I	J	K	L	M	N	O	P	Q	R	S	T	U	V	X	Y	Z
I	r				j								u		e			o							
II			i		z												c	b							
III	u				p			o	s								m				g				
IV					k						a	u									i				
V	e				o	s								q			j								

L'examen de ce tableau récapitulatif fait ressortir que, outre les lettres figuratives de E dont la détermination n'a pu être contrôlée jusqu'ici, nos cinq alphabets pris deux à deux présentent au moins une lettre cryptographique commune ; ainsi :

I et III ont la lettre   o
II et IV   —   i
I, II et IV   —   u
III et V   —   s

Cette remarque va nous servir à relier entre eux nos cinq alphabets. Il faut se souvenir en effet que le dispositif des chiffres carrés à alphabets soit normaux, soit irréguliers, ne

— 17 —

modifie point la contexture de l'alphabet-souche adopté :
les lettres se suivront toujours dans le même ordre conventionnel. Si, par exemple, dans un des alphabets, *o* se trouve
six rangs après *u*, il en sera de même dans les 24 autres alphabets. Dès lors donc que les alphabets d'une clef quelconque
seront liés deux à deux, ne serait-ce que par une seule lettre
commune, il devient loisible de reporter de l'un dans l'autre
les lettres qui ne seraient pas communes, à condition de les
maintenir partout à la même distance des lettres communes.

Cette observation fort importante découle du principe de
la *symétrie de position*, lequel a été clairement exposé pour la
première fois par M. Kerckhoffs.

D'après ce principe, le tableau précédent peut se compléter
ainsi qu'il suit :

A	B	C	D	E	F	G	H	I	J	K	L	M	N	O	P	Q	R	S	T	U	V	X	Y	Z
r	q	m	k	j		g		c	b	a	u		e		p		o	s	i		z			
o	s	i		z			r	q	m	k	j			g		c	b	a	u		e		p	
u		e		p		o	s	i		z			r	q	m	k	j		g			c	b	a
	r	q	m	k	j		g		c	b	a	u		e		p		o	s	i		z		
e		p		o	s	i		z			r	q	m	k	j			g		c	b	a	u	

La considération de la symétrie de position a eu pour résultat de nous donner 16 lettres dans chaque alphabet, soit
beaucoup plus que la moitié de la totalité des lettres ; dès
maintenant ce qui reste à faire ne sera qu'un jeu, car en
plaçant ces 16 lettres dans le cours du cryptogramme, le texte
devient :

```
legen   erale   nchef   arema   rqueq   ueque   lques
so.da   ts.ef   ....a   s.s.g   e.e.u   .i.t.   eepou
rlabo   isson   etila   ttr..   .eace   tte.e   g.i.e
ncelo   rig.n   e.esn   .m..e   ..c.s   de..e   vrequ
ilu.o   ntete   sig.a   les
```

Beaucoup de mots peuvent se compléter de suite :

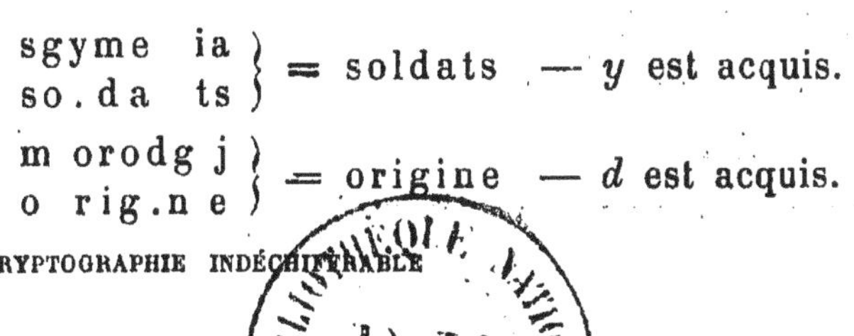

$$\left. \begin{array}{l} \text{sgyme ia} \\ \text{so.da ts} \end{array} \right\} = \text{soldats} \quad — \; y \text{ est acquis.}$$

$$\left. \begin{array}{l} \text{m orodg j} \\ \text{o rig.ne} \end{array} \right\} = \text{origine} \quad — \; d \text{ est acquis.}$$

2

$$\left.\begin{array}{ll}\text{srone} & \text{uzj} \\ \text{sig .a} & \text{les}\end{array}\right\} = \text{signalés} — n \text{ est acquis.}$$

Par l'emploi de *d* et *n* nouvellement trouvés :

$$\left.\begin{array}{lll}\text{iae} & \text{iukdx} & \text{fz} \\ \text{ila} & \text{ttri.} & \text{.e}\end{array}\right\} — \text{il attribue} — x, f \text{ sont acquis.}$$

$$\left.\begin{array}{lll}\text{qo} & \text{iupno gtiho eip} \\ \text{ce} & \text{ttene g.i.e nce}\end{array}\right\} \text{cette négligence} — t, h \text{ sont acquis.}$$

Total : 24 lettres placées dans les cinq alphabets. Le *v* ne figure pas dans le cryptogramme ; donc toutes les lettres sont connues et le texte chiffré se traduit en clair par :

Le général en chef a remarqué que quelques soldats ne font pas usage d'eau filtrée pour la boisson et il attribue à cette négligence l'origine des nombreux cas de fièvre qui lui ont été signalés.

Dès lors aussi l'alphabet conventionnel est complètemen rétabli pour le mode d'emploi selon Vigenère :

$$unexplosifzyvtrqmkjhgdcba$$

La clef en est : *un explosif* suivi des lettres non employées dans l'ordre inverse.

Pour le système de chiffrement selon Beaufort, ce serait le même alphabet retourné :

$$abcdghjkmqrtvyzfisolpxenu$$

Enfin, pour le système de Vigenère comme pour celui de Beaufort, la clef du cryptogramme est *route*.

Toutes les opérations que nous venons d'expliquer seraient faites en quelques instants par un déchiffreur exercé ; la conclusion s'impose et, de même que les systèmes à simple clef ne nous ont pas donné satisfaction, les systèmes à double clef ne nous présentent non plus aucune garantie de sécurité.

D. **Système à alphabets irréguliers multiples.**

La cryptographie par alphabets irréguliers multiples consiste dans l'emploi de plusieurs alphabets comportant chacun un ordre différent pour les 25 lettres.

Voici ce que M. Kerckhoffs pense d'un pareil système :

« On ne peut guère avoir occasion de déchiffrer un cryptogramme dont les 25 alphabets soient ordonnés au hasard ; ce serait un système peu pratique et par cela même inapplicable en temps de guerre. Car, si l'obligation de confier à la mémoire la disposition d'un seul alphabet peut parfois présenter certaines difficultés, quel ne sera pas l'embarras lorsqu'il s'agira de retenir 25 alphabets différents, ordonnés chacun d'après un plan qui exclut toute régularité ? On serait obligé d'avoir recours à des notes écrites, et la valeur ou la sécurité du système ne dépendrait plus que de la prudence de l'agent appelé à l'appliquer. Aussi toutes les combinaisons de quelque valeur qui ont été imaginées dans ces dernières années reposent-elles sur une interversion régulière de l'alphabet. »

L'appréciation de cet auteur est parfaitement justifiée en ce qui concerne l'application en temps de guerre où l'emploi de notes écrites doit être absolument proscrit ; elle n'est plus aussi bien établie lorsqu'il s'agit de correspondance commerciale et, en énumérant les *desiderata* de la cryptographie, nous avons cru utile de faire quelques réserves à ce sujet.

Nous commencerons l'étude de ce système par l'analyse d'un procédé qui a, pendant quelque temps, bravé la perspicacité des cryptologues professionnels.

Appareil Bazeries. — M. le commandant Bazeries emploie vingt alphabets combinés chacun d'après une devise différente : *Charybde et Scylla.* — *Dieu protége la France.* — *Evitez les courants d'air.* — *Formez les faisceaux.* — *Gloire immortelle de nos aïeux.* — *Honneur et Patrie.* — .... etc. etc. Il ne prend dans ces phrases que les lettres non répétées, et il complète l'alphabet par les lettres non encore employées dans leur ordre normal. Les 20 alphabets sont gravés sur la surface cylindrique de 20 rondelles métalliques qui s'enfilent séparément sur une tige centrale dans un ordre quelconque. L'ordre de placement des rondelles constitue la clef du cryptogramme à établir. On aligne 20 lettres du texte clair sur une même génératrice, et l'on relève pour texte chiffré la série des lettres situées sur une quelconque des 24 autres génératrices, en sorte qu'à un texte clair de 20 lettres correspondent 24 cryptogrammes au choix.

Le correspondant qui reçoit la dépêche chiffrée place les rondelles dans le même ordre indiqué par la clef secrètement adoptée, dispose le texte chiffré sur une génératrice, et recherche à la vue celle des autres génératrices qui lui donnera un sens compréhensible.

Comme aspect, l'appareil est analogue aux cadenas à lettres qu'on trouve chez les quincailliers.

Chaque rondelle porte sur la tranche un numéro, de 1 à 20, qui sert à la placer à son rang dans l'ordre de la clef numérique adoptée. Les génératrices elles-mêmes sont numérotées, disposition d'ailleurs sans importance et n'ayant d'autre utilité que de permettre d'aligner le texte toujours sur la même génératrice, celle portant le n° 0.

Dans cet appareil la symétrie de position se trouve être assez sérieusement altérée pour que nous ne puissions plus lui appliquer le principe qui nous a été si utile lors du déchiffrement des systèmes à alphabets régulièrement intervertis ; néanmoins, comme les lettres non contenues dans les devises se suivent en ordre normal, la symétrie persiste encore en partie, ce qui déjà constitue incontestablement un point faible.

Mais il y a d'autres particularités à relever, plus sérieuses.

Pour les faire ressortir, enfilons les rondelles dans un ordre quelconque et tournons ces rondelles de façon à aligner tous les E sur la génératrice n° 0. Ceci fait, enregistrons les lettres qui se trouvent alignées sur une génératrice déterminée : on s'apercevra que certaines d'entre elles figurent plusieurs fois. Le lecteur qui aurait l'appareil en main constaterait ainsi que la première génératrice comporte : 1 A, 1 B, 2 C, 3 D, 1 G, 2 H, 1 L, 1 O, 1 R, 2 S, 2 T, 2 U et 1 X : soit sept répétitions. Comme l'appareil ne comprend que 20 rondelles, il en résulte que la lettre E ne peut être représentée à la 1re génératrice que par 13 seulement des 24 autres lettres de l'alphabet, soit :

A, B, C, D, G, H, L, O, R, S, T, U, X.

De même pour la 2e génératrice, on trouverait que E ne peut y être représenté que par une des lettres suivantes :

A, F, G, H, I, J, N, O, P, R, T, V, Y, Z.

De même aussi pour toutes les autres génératrices.

Ce qui est vrai pour les E s'appliquerait également dans le chiffrement de toute autre lettre de l'alphabet : une lettre donnée ne correspond à chaque génératrice qu'à 12 ou 13 lettres seulement, moyenne expérimentalement relevée sur l'appareil.

Cette particularité constitue un nouveau point faible qu'un déchiffreur habile, M. de Viaris, a su utilement exploiter. Voici comment il a opéré : il a demandé à l'inventeur du système de lui remettre une dépêche contenant le mot *officier*. Nous reproduisons ci-dessous le texte chiffré qui lui fut adressé ; nous avons soin, dans la transcription, de procéder par séries de 20 lettres, chaque ligne horizontale correspondant à une même génératrice, et chaque verticale à une même rondelle.

```
O B C H A Q L L U P H Y D P L E T B L X
S Z V N Z L P P V J A S A Z R R T D C S
K Z X I B F O X O E Q S A R E P X O S F
Y R H N Z D H V Q C U D G H I E K T E H
F J E A P I A E G Q Q V O Q A I L U A L
G X O F R F S X B D P C D Q Q I H X B J
K F S S U U A H U C K U A B F L C F F G
```

« Si je suppose, dit M. de Viaris, que le mot connu *officier* a été chiffré avec la 1re génératrice, le polygramme inconnu du texte de la dépêche correspondant ne pourra commencer que par l'une des lettres susceptibles de chiffrer la lettre O à la 1re génératrice, ces lettres sont A B C E F L P R T U V ; tout polygramme commençant par une autre lettre ne pourra être celui que je cherche ; mais le même raisonnement s'appliquant aux lettres suivantes du polygramme, je suis amené à former le tableau :

1re génératrice

O	peut être représenté par	ABCEFLPRTUV
F	— —	BCGHIJKMP
F	— —	BCGHIJKMP
I	— —	BDFGHKLMNPSTXYZ

etc.

Sous chaque ligne du texte chiffré je fais glisser un papier où le mot OFFICIER est écrit à intervalles égaux à ceux des caractères de la dépêche, et je présente ce mot devant les polygrammes pouvant commencer par un O (en texte clair). J'examine si la 2ᵉ lettre de ce polygramme peut représenter un F, si la 3ᵉ peut aussi être un F, la 4ᵉ un I, etc. ; le procédé est plus long à expliquer qu'à appliquer.

En essayant la 2ᵉ génératrice, le polygramme A H U C K U A B était indiqué comme pouvant représenter OFFICIER, avec certaines rondelles. Ces rondelles immédiatement essayées ne donnaient aucun résultat possible pour la traduction des lignes précédentes, la combinaison n'était donc pas la vraie. »

Il y avait certainement dans le texte donné par l'auteur de la dépêche une complication, intentionnelle ou accidentelle. En effet, l'habile déchiffreur avait remarqué, dans le cours de ses essais, que la fin de la 6ᵉ ligne X B J pouvait, à la 3ᵉ génératrice, se traduire par O F F et que les cinq lettres du commencement de la 7ᵉ ligne K F S S U pouvaient, à la 1ʳᵉ génératrice, se traduire par I C I E R.

« Voici les numéros des rondelles :

3ᵉ génératrice   X B J : 6 ou 9. 16. 3 ou 10 ;
1ʳᵉ   —   K F S S U : 3. 1. 17. 12 ou 18. 1, 7 ou 16.

En éliminant les rondelles communes, 1, 3, 16, les quatre combinaisons à étudier étaient :

6. 16. 10 avec 3. 1. 17. 12. 7
ou 3. 1. 17. 18. 7 ;

ou bien 9. 16. 10 avec les mêmes.

Il a été très rapide de voir que la seule bonne était :

3. 1. 17. 18. 7 avec 6. 16. 10

car ces groupes de rondelles donnaient seuls des fragments de phrases très acceptables (1). »

Il a suffi dès lors de compléter les mots ébauchés pour pla-

---

(1) De Viaris, « *L'art de déchiffrer les dépêches secrètes* », p. 104. — Gauthier-Villars et G. Masson, éditeurs.

cer, après quelques tâtonnements, toutes les autres rondelles, et la clef numérique était trouvée

3.1.17.18.7.11.3.5.15.8.4.2.19.20.9.12.14.6.16.10

correspondant au texte clair suivant :

l	e	g	é	n	é	r	a	l	d	e	d	i	v	i	s	i	o	n	d
é	f	i	l	e	à	l	a	t	ê	t	e	d	e	s	a	d	i	v	i
s	i	o	n	a	y	a	n	t	à	h	u	i	t	m	è	t	r	e	s
d	e	r	r	i	è	r	e	l	u	i	s	o	n	c	h	e	f	d	é
t	a	t	m	a	j	o	r	e	t	à	K	K	B	O	F	A	K	K	d
e	r	r	i	è	r	e	c	e	l	u	i	c	i	l	e	s	O	F	F
I	C	I	E	R	s	d	e	s	o	n	é	t	a	t	m	a	j	o	r

Le groupement B O F A encadré par deux groupes K K ne pouvait être qu'une convention spéciale à l'auteur de la dépêche ; on sut en effet que le groupement signifiait 1, 50 et que cette introduction de chiffres dans la dépêche était conventionnellement indiquée par les deux groupes K K.

En résumé, malgré la complication du chevauchement du mot connu sur deux génératrices, la dépêche était traduite, non par l'effet de tâtonnements hasardés, mais par l'application d'un principe positif et constant.

Quant à la connaissance du mot *officier*, elle n'était même pas nécessaire. Le déchiffreur eût pu essayer des mots usuels, *général*, *division*, etc. Le mot *division* eût même facilité le travail en ce sens que, se trouvant mentionné deux fois, il procurait le placement de 13 rondelles sur 20, ainsi qu'on peut le constater sur le tableau du clair.

D'ailleurs, à défaut d'un mot connu ou supposé, le déchiffreur trouvera toujours une ressource dans certains vocables communs de la langue française : *eraient*, *ement*, etc., qui ne manquent jamais d'apparaître dans une correspondance tant soit peu longue : en sorte que la démonstration apportée par M. de Viaris doit être considérée comme irréfutable et générale.

2ᵉ PARTIE.

NOUVELLE MÉTHODE BASÉE SUR L'INTERVERSION RATIONNELLE.

I

Construction des alphabets algébriquement intervertis.

A. Principe de l'interversion par progression régulière.

Question. — Est-il théoriquement possible de disposer un alphabet donné en tableau carré de telle façon qu'une lettre quelconque ne soit jamais suivie deux fois d'une même autre lettre quelconque ?

Réponse. — Cela dépend du *nombre* des lettres contenues dans l'alphabet.

Ainsi l'alphabet français qui comprend 25 lettres, soit 5×5, ne peut pas recevoir une disposition de ce genre ; quel que soit le mode de progression adopté, le tableau fera toujours ressortir une série de cinq lettres cinq fois renouvelée.

Mais si, dans l'alphabet français, nous supprimons les lettres K et Y qui ne sont presque jamais employées et qui, en tout cas, peuvent toujours être remplacées sans que la clarté du texte y perde rien, l'une par C et l'autre par I, il restera 23 lettres : 23 étant *nombre premier*, la construction du tableau cherché devient réalisable.

Traçons un tableau de 23 colonnes horizontales et 23 verticales ; dans la première horizontale inscrivons 22 fois une lettre quelconque, A je suppose ; de même dans la première verticale. Proposons-nous maintenant de combiner chacun des A, en progression régulière, avec les 22 autres lettres d'un alphabet quelconque.

L'alphabet conventionnel d'où nous partirons sera, si nous le voulons, établi lui-même d'après une clef facile à retenir. Ainsi, avec le nom de l'auteur, dans lequel les lettres nulles K et Y seront supprimées, sans répétition de lettre déjà notée, et suivi enfin des lettres non employées dans leur ordre normal, nous aurons :

Myszkowski, Emile Victor Théodore
M SZ OV I E L   CT R H D   BFGJNPQUX.

Plaçons cette série de lettres à la suite de A sur la première horizontale libre: nous aurons l'alphabet-souche combiné avec A d'après le terme de progression égal à 1.

Le terme de progression 2 nous donnera, dans la ligne suivante, les mêmes lettres espacées à 2 rangs d'intervalle.

Le terme de progression 3 les espacera à 3 rangs.

CHIFFRE CARRÉ DU Lt-COLONEL E. MYSZKOWSKI

	A	A	A	A	A	A	A	A	A	A	A	A	A	A	A	A	A	A	A	A	A	A
A	M	S	Z	O	V	I	E	L	C	T	R	H	D	B	F	G	J	N	P	Q	U	X
A	H	M	D	S	B	Z	F	O	G	V	J	I	N	E	P	L	Q	C	U	T	X	R
A	L	G	M	C	J	S	T	N	Z	R	P	O	H	Q	V	D	U	I	B	X	E	F
A	I	H	N	M	E	D	P	S	L	B	Q	Z	C	F	U	O	T	G	X	V	R	J
A	B	V	P	T	M	F	I	Q	R	S	G	E	U	H	Z	I	L	X	D	O	N	C
A	O	L	H	G	Q	M	V	C	D	J	U	S	I	T	B	N	X	Z	E	R	F	P
A	T	Q	E	J	O	B	M	R	U	L	N	V	F	S	H	X	C	P	I	G	Z	D
A	Z	I	C	H	F	N	U	M	O	E	T	D	G	P	X	S	V	L	R	B	J	Q
A	N	D	L	Z	U	G	R	I	M	P	B	C	O	X	J	H	E	S	Q	F	T	V
A	E	B	U	V	H	P	Z	T	J	M	L	F	X	I	D	Q	O	R	N	S	C	G
A	U	P	J	F	D	R	C	E	V	Z	M	X	Q	N	G	B	H	T	L	I	O	S
A	S	O	I	L	T	H	B	G	N	Q	X	M	Z	V	E	C	R	D	F	J	P	U
A	G	C	S	N	R	O	Q	D	I	X	F	L	M	J	T	Z	P	H	V	U	B	E
A	V	T	F	Q	S	E	H	J	X	O	C	B	P	M	I	R	G	U	Z	L	D	N
A	Q	J	B	R	L	V	S	X	P	G	D	T	E	O	M	U	N	F	H	C	I	Z
A	D	Z	G	I	P	C	X	H	S	F	V	N	L	U	R	M	B	O	J	E	Q	T
A	P	F	R	E	Z	X	N	B	T	I	S	U	J	D	C	V	M	Q	G	H	L	O
A	C	N	O	D	X	L	J	Z	H	U	E	G	S	R	Q	I	F	M	T	P	V	B
A	J	R	V	X	G	T	O	U	F	C	Z	Q	B	L	S	P	D	E	M	N	H	I
A	F	E	X	B	I	U	D	V	Q	H	O	P	R	Z	N	T	S	J	C	M	G	L
A	R	X	T	U	C	Q	L	P	E	N	I	J	V	G	O	F	Z	B	S	D	M	H
A	X	U	Q	P	N	J	G	F	B	D	H	R	T	C	L	E	I	V	O	Z	S	M

Et ainsi de suite en ayant soin, quand on est arrivé à la dernière verticale à droite, de continuer le compte des intervalles sur la lettre A placée à gauche.

La dernière ligne horizontale correspondra à la progression dont le terme est 22.

Le chiffre carré que nous venons d'établir d'après un principe simple et rationnel résout entièrement le problème de la multiplicité des alphabets irréguliers.

Soit horizontalement, soit verticalement, deux mêmes lettres ne se représenteront jamais deux fois dans le même ordre.

Si, après avoir mobilisé les colonnes par bandelettes soit horizontales soit verticales, on aligne une même lettre quelconque dans les 22 alphabets de chaque sens, elle ne sera jamais représentée deux fois par la même lettre sur une même ligne quelconque verticale ou horizontale ; en d'autres termes, elle correspondra à l'ensemble des autres lettres de l'alphabet, sans répétition ni omission.

Il est facile de voir que les lettres sont rangées dans la verticale d'après la même loi que dans l'horizontale, seulement l'alphabet-souche a changé et est devenu :

M H L I B O T Z N E U S G V Q D P C J F R X

en sorte que les 22 alphabets verticaux ne reproduisent en rien les alphabets horizontaux ; la construction a donc eu pour résultat de nous donner 44 alphabets différents.

Le tableau est inversement symétrique dans les deux sens; ainsi la dernière ligne horizontale est la reproduction retournée de la première ; l'avant-dernière correspond à l'inverse de la deuxième, etc. Même disposition dans la verticale.

Il est en outre loisible de construire d'autres tableaux avec d'autres alphabets-clefs ; chaque construction fournira 44 nouveaux alphabets entièrement différents des précédents. Le nombre total des alphabets qu'on peut établir n'est autre que le nombre de polygrammes variés qu'on obtient par séries de 23 lettres différentes : ce nombre est prodigieusement grand. Chaque cryptologue peut ainsi construire son tableau chiffré d'après une clef choisie par lui; hâtons-nous de dire qu'il se donnera en cela une satisfaction morale bien inutile, car, ainsi que la suite le fera comprendre, tout le monde peut faire usage du même tableau sans que le secret de la correspondance puisse être jamais entrevu par un indiscret qui ne connaîtrait pas la clef conventionnelle d'un cryptogramme.

Le principe de notre chiffre carré s'applique à toutes les langues, sous la condition d'opérer avec le nombre premier égal ou immédiatement inférieur au nombre des lettres de l'alphabet envisagé. Lorsqu'il y a lieu de faire des suppressions, on les fera porter sur les lettres doubles d'abord, puis sur les plus rarement employées. Il convient, d'ailleurs, dans les suppressions, de tenir compte de l'alphabet télégraphique de chaque nation qui ne comprend pas toujours toutes les lettres : les doubles n'y figurent pas, ainsi que cela a lieu en France pour le W.

Au surplus, la suppression de certaines lettres n'est pas définitive, elle n'a lieu que pour la construction du tableau carré ; elles sont rétablies plus tard, ainsi que nous l'expliquerons, lorsqu'on dispose, en vue de leur application au chiffrement, les alphabets en bandelettes mobiles ; il serait donc plus juste de dire qu'elles sont, non pas supprimées, mais réservées.

L'alphabet italien compte 22 lettres; on dressera le tableau carré sur 19, en réservant les lettres rares *z*, *q*, *f*.

L'espagnol emploie 28 lettres, dont deux doubles, *ch*, *ll*, et une lettre *ñ* qui fait double emploi avec *n* ; on opérera sur 23 lettres en réservant *z* et *x*.

L'allemand, 26 lettres, dont *w* ; les lettres *x*, *y*, ne sont presque jamais employées : on opérera sur 23.

L'anglais, 26 lettres, dont *w* ; les lettres *q*, *z* sont très rares : on tablera sur 23.

Le russe, 35 lettres ; on construira sur 31.

B. **Dispositif de correspondance.**

Les alphabets algébriquement intervertis de notre table carrée sont employés sous forme de bandelettes en hauteur disposées sur un support à coulisses où elles sont engagées de façon à rester mobiles dans le sens vertical. L'ordre de rangement sur le support est déterminé par la clef numérique convenue entre les deux correspondants. Les lettres en clair de la dépêche sont d'abord alignées sur une même ligne horizontale, puis on forme le texte chiffré en notant la série des lettres qui se présentent sur l'une quelconque des 22 autres lignes horizontales. On recommence la même opération autant de fois qu'il sera nécessaire si le nombre des lettres à chiffrer dépasse le nombre des bandelettes employées. Le déchiffrement s'effectuera en alignant les lettres du texte chiffré sur une même horizontale, après quoi l'on recherchera celle des 22 autres rangées dont la série présente un sens compréhensible ; une simple lecture donne ainsi la teneur du texte clair.

Afin qu'il ne se rencontre pas de case vide dans les lignes horizontales, il est nécessaire que chaque alphabet soit reproduit deux fois sur une même bandelette. La séparation entre les deux alphabets sera toujours prise sur l'E qui se trouvera dès lors placé au milieu de chaque bandelette. Cette disposition est prise pour faciliter la recherche de E, qui est la lettre la plus fréquemment employée. Nous avons relevé, dans le tableau qui suit, les 22 doubles-alphabets obtenus dans les verticales du chiffre carré.

En tête de l'alphabet supérieur de chaque bandelette les lettres K, Y ont été rétablies.

Le relèvement a été fait dans l'ordre alphabétique normal de la lettre qui suit l'E ; chaque bandelette porte en haut un numéro de série de 1 à 22 qui correspond ainsi à l'ordre alphabétique de cette lettre. Le numéro de série constitue la dénomination numérique de chaque bandelette, de même que la lettre qui suit l'E en constitue la dénomination littérale ; on aura ainsi la faculté d'effectuer le rangement des bandelettes mobiles sur le support d'après une clef numérique ou littérale à volonté.

Les bandelettes seront séparées verticalement les unes des autres par un trait de canif ; on taillera les deux extrémités en flèche, afin de pouvoir les engager facilement dans les coulisses.

La matière la plus convenable pour la confection des bandelettes est le parchemin, qui n'est pas sujet à se déchirer et se plie facilement sans se casser.

Quant au support, il est constitué tout simplement par un morceau de carton ou de parchemin percé en haut et en bas de deux lignes horizontales de 23 trous à écartement légère-

Tableau des Alphabets doubles.

1	2	3	4	5	6	7	8	9	10	11	12	13	14	15	16	17	18	19	20	21	22
K	K	K	K	K	K	K	K	K	K	K	K	K	K	K	K	K	K	K	K	K	K
Y	Y	Y	Y	Y	Y	Y	Y	Y	Y	Y	Y	Y	Y	Y	Y	Y	Y	Y	Y	Y	Y
A	B	C	D	F	G	H	I	J	L	M	N	O	P	Q	R	S	T	U	V	X	Z
G	A	L	X	T	D	P	R	B	J	Q	Z	H	M	F	N	V	I	S	C	U	O
L	C	U	B	P	J	N	Q	V	S	O	T	R	Z	H	F	D	M	G	X	A	I
D	G	J	U	I	X	M	N	A	B	F	O	P	Q	T	Z	C	R	V	L	S	H
O	Z	I	P	V	H	D	L	N	R	U	B	G	X	S	J	F	C	Q	T	M	A
J	L	S	A	M	B	Z	F	C	V	H	I	N	O	P	T	X	Q	D	U	G	R
N	R	F	O	U	Z	A	V	I	T	D	L	B	G	X	C	M	S	P	Q	H	J
X	D	B	S	R	U	Q	Z	G	A	T	H	M	F	I	O	L	N	C	J	V	P
S	U	G	C	Z	V	T	H	X	D	R	M	F	I	N	P	B	O	J	A	L	Q
H	O	R	M	C	P	X	J	Z	N	S	A	D	U	V	B	T	L	F	I	Q	G
Q	M	O	T	B	F	V	G	P	H	L	X	S	C	J	D	N	A	R	Z	I	U
B	J	V	G	Q	A	O	T	L	C	P	R	Z	H	M	I	U	F	X	S	D	N
C	V	X	J	H	L	R	M	S	U	Z	F	I	N	O	Q	G	P	A	D	B	T
Z	N	T	H	S	O	G	C	R	I	X	J	A	D	U	L	Q	V	M	F	P	B
R	I	Q	Z	X	N	B	S	T	F	G	C	J	A	D	V	P	U	H	M	O	L
U	X	A	V	N	S	F	O	D	G	I	P	Q	T	R	H	J	Z	L	B	C	M
M	P	Z	F	J	Q	S	A	H	O	C	D	U	V	L	G	R	B	I	N	T	X
V	S	D	L	O	C	I	P	U	X	N	Q	T	R	Z	M	A	H	B	G	J	F
I	T	M	N	D	R	J	U	F	Q	A	V	L	B	G	S	H	X	O	P	Z	C
P	H	N	Q	L	M	U	B	O	Z	V	G	X	S	C	A	I	J	T	R	F	D
T	F	P	R	G	I	L	X	Q	M	B	S	C	J	A	U	O	D	Z	H	N	V
F	Q	H	I	A	T	C	D	M	P	J	U	V	L	B	X	Z	G	N	O	R	S
E	E	E	E	E	E	E	E	E	E	E	E	E	E	E	E	E	E	E	E	E	E
A	B	C	D	F	G	H	I	J	L	M	N	O	P	Q	R	S	T	U	V	X	Z
G	A	L	X	T	D	P	R	B	J	Q	Z	H	M	F	N	V	I	S	C	U	O
L	C	U	B	P	J	N	Q	V	S	O	T	R	Z	H	F	D	M	G	X	A	I
D	G	J	U	I	X	M	N	A	B	F	O	P	Q	T	Z	C	R	V	L	S	H
O	Z	I	P	V	H	D	L	N	R	U	B	G	X	S	J	F	C	Q	T	M	A
J	L	S	A	M	B	Z	F	C	V	H	I	N	O	P	T	X	Q	D	U	G	R
N	R	F	O	U	Z	A	V	I	T	D	L	B	G	X	C	M	S	P	Q	H	J
X	D	B	S	R	U	Q	Z	G	A	T	H	M	F	I	O	L	N	C	J	V	P
S	U	G	C	Z	V	T	H	X	D	R	M	F	I	N	P	B	O	J	A	L	Q
H	O	R	M	C	P	X	J	Z	N	S	A	D	U	V	B	T	L	F	I	Q	G
Q	M	O	T	B	F	V	G	P	H	L	X	S	C	J	D	N	A	R	Z	I	U
B	J	V	G	Q	A	O	T	L	C	P	R	Z	H	M	I	U	F	X	S	D	N
C	V	X	J	H	L	R	M	S	U	Z	F	I	N	O	Q	G	P	A	D	B	T
Z	N	T	H	S	O	G	C	R	I	X	J	A	D	U	L	Q	V	M	F	P	B
R	I	Q	Z	X	N	B	S	T	F	G	C	J	A	D	V	P	U	H	M	O	L
U	X	A	V	N	S	F	O	D	G	I	P	Q	T	R	H	J	Z	L	B	C	M
M	P	Z	F	J	Q	S	A	H	O	C	D	U	V	L	G	R	B	I	N	T	X
V	S	D	L	O	C	I	P	U	X	N	Q	T	R	Z	M	A	H	B	G	J	F
I	T	M	N	D	R	J	U	F	Q	A	V	L	B	G	S	H	X	O	P	Z	C
P	H	N	Q	L	M	U	B	O	Z	V	G	X	S	C	A	I	J	T	R	F	D
T	F	P	R	G	I	L	X	Q	M	B	S	C	J	A	U	O	D	Z	H	N	V
F	Q	H	I	A	T	C	D	M	P	J	U	V	L	B	X	Z	G	N	O	R	S

ment plus grand que la largeur des bandelettes : un fil est passé, aller et venir, dans chaque série de trous, ce qui donne 22 coulisses, à chaque ligne. La distance entre les deux lignes est égale à la hauteur d'un alphabet, E compris, de façon à encadrer exactement 23 séries horizontales.

Une fois munis de ce dispositif aussi simple que facile à construire, il ne nous restera plus qu'à glisser les bandelettes mobiles dans les coulisses, dans l'ordre conventionnel de la clef adoptée, et nous serons parés pour le chiffrement aussi bien que pour le déchiffrement.

Tout ce petit matériel, flexible et incassable, peut être plié et serré dans un portefeuille.

C. Chiffrement et déchiffrement.

La première opération à effectuer pour l'emploi de notre appareil consiste dans l'établissement de la clef. Les manuels de cryptographie indiquent mille moyens de constituer des clefs soit numériques, soit littérales ; on peut même passer d'une clef littérale à sa représentation numérique, et réciproquement. Voici le procédé rapide que nous employons habituellement.

Convenons d'une clef littérale facile à retenir, par exemple : *patrie française*. Ecrivons cette clef autant de fois qu'il est nécessaire pour obtenir 22 lettres. De la gauche à la droite numérotons les *a* : 1,2,3,4. Cherchons la lettre suivante dans l'ordre alphabétique normal et continuons sur elle la série des numéros ; de même pour les autres lettres :

p a t r i e f r a n ç a i s e p a t r i e f
15.1.21.17.11.6.9.18.2.14.5.3.12.20.7.16.4.22.19.13.8.10.

L'ordre des 22 numéros deviendra notre clef numérique, et c'est dans cet ordre qu'il conviendra de disposer sur le support les 22 numéros de série des bandelettes mobiles.

Soit maintenant à cryptographier la dépêche :

Je pars pour Marseille par le rapide.

Glissons les bandelettes dans leurs coulisses de façon à aligner les 22 premières lettres, *prises dans l'alphabet supérieur,*

sous la ligne supérieure de coulisses. L'appareil se présentera
ainsi :

Ligne supé- rieure de coulisses																						
V	F	B	R	T	N	Z	N	D	V	V	Q	X	Z	C	D	F	B	N	R	O	B
J	E	P	A	R	S	P	O	U	R	M	A	R	S	E	I	L	L	E	P	A	R
M	A	O	H	S	Q	L	L	O	B	U	Z	F	D	H	Q	N	M	U	G	P	V
O	G	C	I	L	C	S	A	M	S	R	D	J	F	P	L	Q	X	S	N	U	T
U	L	T	O	P	R	R	F	J	J	Z	M	C	M	N	V	R	F	G	B	B	A

etc.

Entre la ligne du texte clair et la ligne *inférieure* de coulisses
nous avons 22 textes chiffrés entièrement différents les uns des
autres sur lesquels le choix peut se fixer d'une façon tout à
fait arbitraire.

Prenons la 3e ligne en-dessous :

u l t o p r r f j j z m c m n v r f g b b a

Le chiffrement se continuera de la même manière pour la
suite de la dépêche *le rapide* ; le choix entre les **22** horizontales en-dessous sera toujours arbitraire ; la **1re** ligne chiffrerait par :

z a e h z t h t.

Quant au déchiffrement, il se comprend aussi : le correspondant qui procède d'après la même clef fera les opérations
inverses. *Au-dessus de la ligne inférieure de coulisses*, il ali-
gnera les **22** premières lettres du cryptogramme *prises dans
l'alphabet inférieur*, et il cherchera parmi les 22 horizontales
au-dessus celle qui donne un sens clair.

J	E	P	A	R	S	P	O	U	R	M	A	R	S	E	I	L	L	E	P	A	R
M	A	O	H	S	Q	L	L	O	B	U	Z	F	D	H	Q	N	M	U	G	P	V
O	G	C	I	L	C	S	A	M	S	R	D	J	F	P	L	Q	X	S	N	U	T
U	L	T	O	P	R	R	F	J	J	Z	M	C	M	N	V	R	F	G	B	B	A
D	D	J	Z	Z	M	T	P	V	L	C	N	P	B	M	H	I	C	V	M	X	D

Ligne infé-
rieure de
coulisses

La 3e au-dessus donne en clair la traduction. Même opération pour le reste de la dépêche.

Il est recommandé de *chiffrer en descendant avec l'alphabet du haut* et de *déchiffrer en montant avec l'alphabet du bas ;* cette précaution a pour but d'avoir toujours à sa disposition 22 lignes pleines, sans cases vides, en sus de la ligne du texte, renfermées dans le cadre limité par les deux lignes de coulisses.

Emploi des lettres K, Y. — Soit à chiffrer la phrase : *envoyez au yacht un baril de kirsch et deux de rhum.*

Les 22 premières lettres contiennent deux fois la lettre *y ;* le chiffrement se fait de la façon habituelle, toujours, bien entendu, avec l'alphabet supérieur. Cet alphabet supérieur est d'ailleurs le seul qui mentionne la lettre *y,* et c'est une nouvelle raison qui vient s'ajouter à celle précédemment donnée pour motiver la recommandation de chiffrer avec l'alphabet du haut.

Une ligne horizontale quelconque, la 1ʳᵉ en-dessous, par exemple, nous donnera le texte chiffré.

```
e n v o y e z a u y a c h t u n b a r i l d
q x l z m g p f o p e l m u l f u r x a f n
```

Les lettres suivantes, parmi lesquelles se trouve un *k*, nous donneront :

```
e k i r s c h e t d e u x d e r h u m
q y d a l r u t h a f j r f h n z n h
f a b h p m f i f t t i f m p f v t l
```

On remarquera que, dans la 1ʳᵉ ligne en-dessous du clair, le *k* est représenté par *y.* Cette représentation de *k* par *y* sur la 1ʳᵉ ligne est constante pour toutes les bandelettes, puisque ces deux lettres se trouvent partout placées en tête des colonnes. La présence d'un *y* dans le texte chiffré indiquerait ainsi à un déchiffreur indiscret que le relèvement a été fait sur la 1ʳᵉ ligne ; ce renseignement serait sans importance, puisque cela ne lui fournirait en rien le secret du rangement des bandelettes, pas même de la bandelette qui a donné *y* pour *k ;* ceci est dit en thèse générale. Toutefois, dans certains cas, l'indication de la présence d'un *k* dans le texte clair pourrait permettre au déchiffreur de placer tel mot, comportant un *k,* qu'il supposera devoir être contenu dans la dépêche ; sachant d'ailleurs

que c'est la 1ʳᵉ ligne seule qui a pu être employée, il placera
avec certitude un nombre de bandelettes égal au nombre des
lettres contenues dans le mot supposé. Le chiffreur prudent
évitera cet écueil en ayant soin de ne pas cryptographier sur
la 1ʳᵉ ligne. Donc :

Règle. — *Lorsque le texte clair contient un k, il faut éviter
de chiffrer sur la 1ʳᵉ ligne en-dessous.*

Cette règle restrictive est la seule qu'il y ait utilité à introduire dans notre méthode ; en dehors d'elle et pour toutes
les autres lettres sans exception, *y* compris, on peut chiffrer
sur la 1ʳᵉ ligne aussi bien que sur les suivantes : la sécurité du
chiffrement sera partout absolue au même degré.

Ainsi donc, dans le cas présent, nous ne prendrons pas la
1ʳᵉ ligne *g y d a l....* etc. ; mais nous pourrons chiffrer sur
toute autre ligne, par exemple sur la 2ᵉ : *f a b h p m...*, etc.

Voyons maintenant ce qui se produira pour *k* et *y* lors du
déchiffrement normal avec la clef. Le rangement, sur la ligne
inférieure des coulisses, du texte chiffré pris dans l'alphabet
du bas donnera :

<pre>
e n v o e e z a u e a c h t u n b a r i l d
q x l z m g p f o p e l m u l f u r x a f n
</pre>

Les mots *un baril* ressortent clairement ; le commencement
de la ligne est, sinon illisible, tout au moins incorrect. Il y
a lieu de rechercher si l'incorrection ne serait pas due à une
ou plusieurs lettres du cryptogramme qui auraient été
chiffrées pour *k* ou *y* : cette recherche ne peut être effectuée
qu'avec l'alphabet supérieur qui contient seul *k* et *y*. En
effet, la lettre *m* du groupement *q x l z m g p*, déchiffrée sur
l'alphabet supérieur, rétablira le mot exact :

<pre>
e n v o y e z
q x l z m g p
</pre>

Plus loin, le glissement jusqu'à l'alphabet supérieur de la
bandelette correspondant à la lettre *p* du groupement *p e l m u*
nous fera lire le mot correct :

<pre>
y a c h t
p e l m u
</pre>

Le reste de la dépêche se traduira dans l'alphabet inférieur par :

```
e f i r s c h e t d e u x d e r h u m
q e d a l r u t h a f j r f h n z n h
f a b h p m f i f t t i f m p f v t l
```

Si l'on descend la bandelette de *a* jusqu'à l'alphabet supérieur, l'orthographe se rectifie immédiatement :

```
e k i r s c h
q y d a l r u
f a b h p m f.... etc.
```

La seule inspection de l'appareil fera comprendre cette disposition en beaucoup moins de temps qu'il n'en a fallu pour l'expliquer. Le lecteur estimera au surplus qu'une complication aussi infime n'est rien en comparaison de la très sérieuse utilité qu'il y a à rétablir sur les bandelettes les lettres k, y, lesquelles, on s'en souvient, avaient été réservées lors de la construction du chiffre carré.

Ponctuation et numération.— Nous donnerons plus loin, dans le cours de l'exposé d'un autre procédé de cryptographie indéchiffrable, le moyen de représenter les signes de ponctuation et les chiffres. Le tableau de concordance des lettres de l'alphabet avec les signes de ponctuation et de numération qui sera établi à ce moment s'appliquera également bien à la présente méthode d'interversion algébrique.

Il est bon de remarquer toutefois que le système actuel de cryptographie par alphabets intervertis en progression régulière aboutit en dernier ressort au déchiffrement par la lecture directe d'une phrase correcte ; l'introduction, dans cette phrase, de lettres représentant la ponctuation et la numération va créer forcément une interruption entre les mots orthographiés, et cette interruption pourrait devenir une entrave à la lecture directe si elle se prolongeait sur un trop grand nombre de lettres. Il est donc nécessaire que les lettres représentatives de la ponctuation et de la numération ne figurent qu'en très petit nombre dans le texte chiffré, de façon à conserver suffisamment de mots orthographiés pour faire retrouver les lignes horizontales qui fournissent le texte clair.

Disons d'avance que cette même entrave n'existera pas dans l'application de certains autres de nos systèmes de cryptographie.

II

Conventions individuelles de correspondance.

L'excellence de la méthode d'écriture secrète que nous venons d'exposer trouve en partie sa démonstration dans l'inutilité d'y introduire des dispositions autres que celles qui font partie constitutive du système. Les divers principes de déchiffrement que nous avons mentionnés à l'occasion des anciens systèmes restent inefficaces dans le cas présent ; la certitude même de rencontrer tel ou tel mot dans le cryptogramme ne conduit à aucun succès puisque, par un placement approprié des bandelettes, ce mot pourrait toujours être chiffré par n'importe quel groupe des lettres de la dépêche. Il est bon que le lecteur s'inspire, dès l'abord, de la conviction raisonnée que notre méthode est théoriquement indéchiffrable ; cette certitude le mettra en garde contre la tendance trop fréquente chez les praticiens de rechercher la sécurité par le moyen de la multiplicité des conventions individuelles. Le plus souvent la complication des procédés ne gêne que ceux qui y ont recours et n'arrête nullement les déchiffreurs, race patiente dont la perspicacité est pour le moins égale à l'ingéniosité des inventeurs.

Un cryptologue distingué a dit en fort bons termes :

« Bien souvent les changements constituent une difficulté nouvelle pour les correspondants ; la dépêche est bien plus pénible à chiffrer et à traduire, mais, au point de vue de l'ennemi, la sécurité n'en est pas augmentée. En somme, l'inventeur doit faire la plus grande attention à ce que les modifications apportées constituent des améliorations réelles et non de simples complications. »

Que chacun se souvienne à ce propos de l'erreur dans

laquelle est tombé l'amiral Beaufort lorsqu'il a cru son système plus difficile à déchiffrer que le procédé de Vigenère !

Toutes ces vérités devaient être dites en tête de ce chapitre ; et maintenant que nous avons formellement exprimé nos réserves, nous ferons une concession au désir, bien naturel sans doute, qu'éprouve chaque correspondant, de donner à ses méthodes quelque caractère qui lui soit spécial et nettement individuel. Aucune des conventions particulières que nous allons indiquer n'apportera à l'écriture secrète un surcroît de sécurité ; elles auront seulement satisfait le goût de chacun et supprimé un sentiment de défiance que l'expérience des procédés employés jusqu'ici n'a rendu que trop légitime : c'est dans cet ordre d'idées seulement que leur exposé peut présenter quelque utilité.

Table carrée à clef individuelle. — Nous avons déjà expliqué que le chiffre carré peut être construit sur n'importe quel alphabet conventionnel. Chacun peut donc se créer un alphabet-souche d'où dériveront 22 et même 44 alphabets algébriques qui lui seront essentiellement personnels.

Le chiffreur peut même combiner entre elles les bandelettes issues d'alphabets-souches différents.

Veut-on savoir à quel chiffre formidable se monte le nombre de tableaux carrés différents que prévoit la théorie ? Le calcul est bien simple.

23 lettres prises une à une donnent 23 monogrammes.

Chaque lettre combinée avec les 22 autres forme 22 bigrammes, soit 23×22 bigrammes pour l'ensemble des lettres.

Chaque bigramme combiné avec les 21 lettres qui n'y figurent pas forme 21 trigrammes, soit $23 \times 22 \times 21$ trigrammes résultant de la totalité des bigrammes.

Ainsi de suite ; pour les polygrammes de 23 lettres différentes, autrement dit pour les alphabets de 23 lettres, nous arrivons à l'expression : $23 \times 22 \times 21 \times \dots$ etc. $\times 1$.

Mais, comme par ailleurs chaque tableau carré comporte 22 alphabets, le facteur 22 disparaît et le nombre de chiffres carrés possibles est réduit à :

$$23 \times 21 \times 20 \times 19 \times \dots \text{etc.} \times 2 \times 1.$$

Effectuons les opérations :

Log 23 + log 21 + log 20 + ...etc. + log 1 = 21,070-06.
Pour 0,070 04 le nombre est 1,175.

Pour 21,070 04 il faudra avancer la virgule de 21 rangs vers la droite ; en sorte que le nombre cherché est supérieur à :

$$1\ 175\ 000\ 000\ 000\ 000\ 000\ 000.$$

En évaluant à un milliard le nombre d'hommes présents sur la terre, chacun d'eux aura la faculté, sinon la possibilité, de confectionner pour son usage exclusif 1 175 milliards de chiffres carrés à 22 alphabets ; et chaque homme pourrait posséder un recueil numériquement égal, mais absolument différent comme contexture littérale !

Pour constituer une telle bibliothèque, l'humanité entière, au travail depuis la création du monde, n'aurait pas encore abouti.

Nombre variable des bandelettes. — Le support que nous avons décrit comporte 22 coulisses ; le chiffreur pourra y ranger 22 bandelettes au plus, mais il peut en employer un nombre moindre : le minimum de bandelettes est en tous cas fixé par le nombre de lettres pratiquement nécessaire pour fournir un sens intelligible : 12 à 15 suffiraient dans la majorité des cas.

Admettons que les correspondants aient convenu de n'employer que 17 bandelettes avec la même clef littérale *patrie française*. La clef numérique deviendra :

> p a t r i e f r a n ç a i s e p a
> 12. 1. 17. 14. 9. 6. 8. 15. 2. 11. 5. 3. 10. 16. 7. 13. 4.

Quelquefois aussi la correspondance financière ou commerciale nécessite l'emploi assez fréquent de chiffres ; il y aura alors avantage à modifier le support en l'agrandissant. Un support à 44 coulisses et, par suite, deux séries différentes de bandelettes, rendra service dans bien des cas, car une ligne de 44 lettres donnera presque toujours, outre les lettres représentatives des chiffres, suffisamment de mots orthographiés pour fixer le déchiffrement. Inutile de dire qu'un support à 44 coulisses peut être employé avec un nombre moindre de bandelettes.

Caractère individuel des dépêches. — Sans changer le

mot-clef, il est toujours. facile de donner à chaque dépêche un caractère d'individualité qui lui soit propre,

1er *moyen*. — Convenons que la première lettre du cryptogramme indiquera la lettre de la clef sur laquelle il y a lieu de commencer. le calcul des numéros d'ordre, et soit *t* cette lettre ; la clef numérique pour 22 bandelettes deviendra :

t r i e f r a n ç a i s e p a t r i e f r a
21.16.11.6.9.17. 1.14.5.2.12.20.7.15.3.22.18.13.8.10.19.4.

Ce moyen présente le grave inconvénient de donner en clair une des lettres de la clef, en sorte que si l'ennemi peut collectionner un certain nombre de dépêches, il aura bien vite fait de rétablir le secret fondamental de la correspondance : par excès de précautions, le chiffreur lui aura bien naïvement livré sa clef. Les correspondants regretteront, mais un peu tard, de s'être écartés des principes de la simplicité que nous avons tant prônée, simplicité qui eût mis sûrement leurs confidences à l'abri de toute indiscrétion !

On peut, il est vrai, éviter de donner les lettres mêmes de la clef, et indiquer par *a* qu'il y a lieu de commencer la clef littérale sur la 1re lettre du mot-clef, par *b* sur la 2e, par *c* sur la 3e, etc.

2e *moyen*. — A la suite du mot-clef adopté on peut mentionner un renseignement de circonstance facile à comprendre, par exemple la date. Ainsi, avec le mot-clef *Paris*, un cryptogramme du 12 avril correspondra à une clef numérique établie sur :

Paris douze quatre.

Si la dépêche parvient à destination le même jour, le destinataire n'éprouvera nulle hésitation à établir la clef de circonstance ; mais s'il ignore le jour du départ, il hésitera entre la date du jour, ou celle de la veille, ou même celle. de l'avant-veille : de là des tâtonnements, travail superflu que l'application pure et simple de notre méthode lui eût épargné.

3ᵉ PARTIE.

SYSTÈME A MÉTHODES COMBINÉES.

I

Méthode par transposition.

La méthode par transposition des lettres claires présente, au dire des praticiens, peu de garanties de sécurité ; nous devons cependant en faire un exposé sommaire, car non seulement elle est perfectible, mais en outre elle peut être utilement employée en combinaison avec d'autres méthodes.

Transposition simple. — Voici le mécanisme de la méthode tel qu'il a été présenté par un cryptologue des plus compétents :

« Les lettres de la dépêche ont d'abord été transcrites dans leur ordre naturel sur un certain nombre de lignes d'un nombre déterminé de caractères, puis on les a recopiées dans un ordre convenu ; c'est le nombre représentant la seconde disposition qui constitue la clef du chiffre.

Une attaque simulée aura lieu demain matin à quatre heures.

A		1	2	3	4	5	6	7	8	9	10	11
1		u	n	e	a	t	t	a	q	u	e	s
2		i	m	u	l	e	e	a	u	r	a	l
3		i	e	u	d	e	m	a	i	n	m	a
4		t	i	n	a	q	u	a	t	r	e	h
5		e	u	r	e	s	a	b	c	d	e	f

B		2	11	9	8	5	3	10	1	7	6	4
1		n	s	u	q	t	e	e	u	a	t	a
2		m	l	r	u	e	u	a	i	a	e	l
3		e	a	n	i	e	u	m	i	a	m	d
4		i	h	r	t	q	n	e	t	a	u	a
5		u	f	d	c	s	r	e	e	b	a	e

— n s u q t e e u a t a m l r u e u a i a e l e a n i e u m i a m d i h r t q n e t a u a u f d c s r e e b a e.

Une fois que le déchiffreur se doute du procédé qui a été adopté, et c'est ce qu'il voit tout de suite à la lettre E, qui en ce cas revient le plus souvent, le déchiffrement n'est plus qu'une affaire de tâtonnement. Il suffit de compter au préalable le nombre des lettres du cryptogramme et de le décomposer en deux facteurs ($55 = 5 \times 11$) ; l'un représentera le nombre des lignes horizontales et l'autre celui des colonnes verticales. Rien que la présence d'un q ou d'un x, le premier étant toujours suivi et l'autre étant généralement précédé d'un u, trahit le secret de la clef. » (Kerckhoffs) (1).

Transposition double. — Dans la transposition double on transpose d'abord l'ordre des colonnes verticales, comme précédemment, puis l'ordre des rangées horizontales d'après une seconde clef numérique, et on transcrit la dépêche après ces opérations.

Voici comment M. de Viaris apprécie le système :

« Ces transpositions peuvent-elles donner un résultat sérieux ? Analysons ce qui s'y passe et pour cela suivons le sort des lettres d'une colonne et d'une rangée. Toutes les autres lettres seront figurées par des points :

TEXTE CLAIR

		1	2	3	4	5	6	7
1		.	.	.	.	b	.	.
2		.	.	.	.	b	.	.
3		.	.	.	.	b	.	.
4		a	a	a	a	x	a	a
5		.	.	.	.	b	.	.

<hr>

(1) Aug. Kerckhoffs, « *La Cryptographie militaire* », p. 11. — Chapelot, édit.

TRANSPOSITION SIMPLE

	3	2	1	5	7	6	4
1	.	.	.	b	.	.	.
2	.	.	.	b	.	.	.
3	.	.	.	b	.	.	.
4	a	a	a	x	a	a	a
5	.	.	.	b	.	.	.

TRANSPOSITION DOUBLE

	3	2	1	5	7	6	4
4	a	a	a	x	a	a	a
3	.	.	.	b	.	.	.
5	.	.	.	b	.	.	.
1	.	.	.	b	.	.	.
2	.	.	.	b	.	.	.

Quelles que soient les transpositions, l'anagramme ne portera que sur un petit nombre de lettres qui s'intervertiront entre elles sans jamais se mélanger avec les autres..... Tous les groupes se retrouvent sans mélange intime (1). »

Le problème se trouverait ramené dans les deux cas à la reconstruction de mots par le déplacement des lettres mélangées entre elles dans chaque groupe distinct, opération réalisable à première vue. D'ailleurs le rétablissement d'une rangée à l'aide de mots qui sautent aux yeux conduit au rétablissement de toutes les autres, puisqu'elles ont été transposées d'après la même loi.

II

Combinaisons de méthodes.

M. Kerckhoffs définit ainsi le problème à résoudre :

« S'il était permis de négliger un instant le côté essentiellement pratique que doit présenter tout système de cryptographie destiné aux besoins de l'armée, pour n'attacher de prix qu'au desideratum qui demande l'exclusion du secret, on pourrait adopter un système *à triple clef* et combiner un procédé de transposition avec un système d'interversion à base variable. Le système de Saint-Cyr, combiné avec la méthode de transposition, permettrait le minimum de notes écrites, et donnerait un cryptogramme, sinon mathématiquement indéchiffrable, du moins ne comportant aucun calcul de probabilité.

Les deux clefs devraient être représentées par des mots différents, tels qu'un adjectif et un substantif; le premier mot,

---

(1) De Viaris, « *L'art de déchiffrer les dépêches secrètes* », p. 55. — Gauthier-Villars et G. Masson, édit.

composé d'un petit nombre de lettres, servirait de clef au tra-vail d'interversion, et le deuxième, d'un nombre de lettres plus considérable, donnerait la formule de la transposition ; par exemple : *chose problématique, affaire exceptionnelle.* (L'emploi simultané des deux procédés cryptographiques ne saurait dispenser les correspondants de changer de clef pour chaque dépêche.)

Chiffrons une dépêche d'après ce système : *Vous ferez ce soir une attaque simulée,* en prenant pour clef *sénat romain* et en nous servant du tableau de Vigenère.

y o u s f e r e z c e s o i r u n e a t t a q u e s i m u l e e

SENATSENATSENATSENATSENATSENATSE

n s h s y w v r z v w w b i k m r r a m l e d u x k m z u e w i

Nota : Le lecteur remarquera ici que M. Kerckhoffs emploie un tableau de Vigenère établi pour 26 lettres et comportant la lettre *w ;* celui qui figure dans cet ouvrage ne comprend pas le *w* et par suite ne chiffrerait pas par les mêmes lettres que ci-dessus. Continuons notre citation :

« *Romain* donne pour formule numérique 6 5 3 1 2 4 ; on a donc :

A	1	2	3	4	5	6		B	6	5	3	1	2	4
1	n	s	h	s	y	w		6	d	c	a	w	i	b
2	v	r	z	v	w	w		5	e	u	m	x	k	z
3	b	i	k	m	r	r		3	r	r	k	b	i	m
4	a	m	l	e	d	u		1	w	y	h	n	s	s
5	x	k	m	z	u	e		2	w	w	z	v	r	v
6	w	i	a	b	c	d		4	u	d	l	a	m	e

= d c a w i b e u m x k z r r k b i m w y h n s s w w z v r v u d l a m e.

Mais, je le répète, ce procédé a beau dispenser de la nécessité du secret et garantir une indéchiffrabilité presque complète, il laisse trop à désirer au point de vue pratique pour qu'il soit possible de songer à l'appliquer au service de la guerre. Aussi n'est-ce qu'à titre de curiosité que j'ai voulu indiquer un système dispensant de la nécessité du secret et réalisant ainsi le principal desideratum de la cryptographie militaire (1). »

D'autre part, M. de Viaris s'exprime ainsi sur le même sujet :

« Il y a encore un moyen de rendre excellents la plupart des systèmes, même les médiocres, c'est de combiner entre eux deux systèmes de familles différentes. Si l'on modifie par une méthode à anagramme la suite naturelle des lettres d'un texte chiffré avec des alphabets, les nouveaux textes chiffrés seront peut-être indéchiffrables, mais en général la longueur de cette double opération de chiffrement fait rejeter cet artifice. Aussi notre conclusion est-elle qu'en dépit des inventeurs qui proposent journellement des méthodes indéchiffrables, rien n'est plus difficile que d'en combiner une, présentant même des qualités sérieuses (2). »

Résumé. — Dans ce très court chapitre nous avons intentionnellement donné ia parole aux écrivains les plus autorisés de la science cryptologique ; ce faisant, nous avons placé le lecteur en situation d'apprécier en connaissance de cause l'état actuel de la question des méthodes combinées. Nous allons reprendre le même problème dans le chapitre suivant et nous le résoudrons d'après les procédés qui nous sont personnels. Le lecteur se souviendra des conclusions auxquelles se sont arrêtés MM. Kerckhoffs et de Viaris, et les comparera avec celles auxquelles nous parviendrons nous-même.

---

(1) Aug. Kerckhoffs, *loc. cit.*, p. 53.
(2) De Viaris, *loc. cit.*, p. 82.

4ᵉ PARTIE.

NOUVELLES MÉTHODES A CLEFS MULTIPLES.

I

Transposition à clef variable et indéfinie.

Approfondissons tout d'abord la méthode par transposition simple dont nos prédécesseurs n'ont pas su tirer tout le parti désirable.

Une dépêche courte dont les lettres claires auront été simplement transposées entre elles sera toujours lue à première vue, quel que soit le mode de transposition.

Une dépêche même très longue transposée d'après une clef périodique sera certainement lue après un travail élémentaire destiné à fixer la période. Ainsi, une dépêche de 70 lettres correspondra très vraisemblablement à deux périodes de 35, chaque période étant elle-même construite sur 7 et 5 ; la suite du travail se continue comme nous l'avons vu.

Une dépêche même relativement courte, 5 à 6 mots, transposée d'après une clef indéfinie, devient illisible.

Soit à cryptographier avec le mot-clef *patrie :*

Je crains Dieu, cher Abner, et n'ai point d'autre crainte.

Opérez ponctuellement comme il va être dit :

Réglez votre papier ; sur la troisième ligne inscrivez votre texte en espaçant bien les lettres ; s'il faut une seconde ligne de texte, continuez sur la quatrième en dessous de celle déjà écrite.

A deux lignes au-dessus du texte transcrivez le mot-clef autant de fois qu'il sera nécessaire pour correspondre aux lettres du texte. Sous la ligne de la clef littérale établissez votre clef numérique d'après le procédé déjà mentionné : suite des nombres de gauche à droite dans l'ordre alphabétique des lettres de la clef indéfinie.

```
 p  a  t  r  i  e  p  a  t  r  i  e  p  a  t  r  i  e  p  a  t  r
23.1.38.31.16.9.24.2.39.32.17.10.25.3.40.33.18.11.26.4.41.34.
 j  e  c  r  a  i  n  s  d  i  e  u  c  h  e  r  a  b  n  e  r  e

 i  e  p  a  t  r  i  e  p  a  t  r  i  e  p  a  t  r  i  e  p  a
19.12.27.5.42.35.20.13.28.6.43.36.21.14.29.7.44.37.22.15.30.8.
 t  n  a  i  p  o  i  n  t  d  a  u  t  r  e  c  r  a  i  n  t  e
```

Ceci fait, écrivez plus bas la suite des nombres depuis 1 jusqu'au nombre des lettres de la dépêche, soit 44 dans le cas présent, et en dessous portez les lettres du texte dans le nouvel ordre :

```
1.2.3.4.5.6.7.8.9.10.11.12.13.14.15.16.17.18.19.20.21.22.23.
 e  s  h  e  i  d  c  e  i  u  b  n  n  r  n  a  e  a  t  i  t  i  j

24.25.26.27.28.29.30.31.32.33.34.35.36.37.38.39.40.41.42.43.44
 n  c  n  a  t  e  t  r  i  r  e  o  u  a  c  d  e  r  p  a  r
```

Adressez la dépêche à votre correspondant, en la faisant précéder du nombre des lettres :

44. esheidceiubnnrnaeatitijncnatetrireouacderpar

Au reçu de la dépêche, le destinataire procédera de la façon inverse : il numérotera les lettres de 1 à 44, puis établira la clef de 44 termes sur le mot convenu *patrie*,.... etc., etc.

Il faut remarquer ici que le mot-clef est écrit un nombre entier de fois, plus deux lettres : *p a*. Ces lettres supplémentaires font partie inhérente de la méthode ; elles ont pour objet de rompre toute tendance à un ordre périodique quelconque ; *s'il ne se trouvait pas de lettres supplémentaires à la clef littérale, il faudrait ajouter au texte quelques nulles qui fourniront les lettres supplémentaires indispensables.* Ainsi, soit à transposer la dépêche : *Bonjour frère*, avec le même mot-clef *patrie*. Le texte contient 12 lettres et le mot-clef 6. Dans ce cas on ajoutera au texte 3 lettres nulles par exemple.

```
 p  a  t  r  i  e  p  a  t  r  i  e  p  a  t
 8. 1. 13. 11. 6. 4. 9. 2. 14. 12. 7. 5. 10. 3. 15.
 b  o  n  j  o  u  r  f  r  e  r  e  a  e  i
= 15. ofeueorbrajeuri.
```

On peut apprécier, d'après ce dernier cryptogramme, si court cependant, à quel point le texte chiffré est devenu illisible.

Dans notre méthode, la clef numérique est indéfinie parce que la transposition porte sur la totalité de la clef littérale, et non sur une période fractionnaire de cette clef, ainsi que cela avait lieu dans les systèmes passés.

La clef numérique est en outre doublement variable, parce que sa constitution dépend non seulement du mot-clef, qui est constant, mais aussi de deux facteurs variables : le nombre des lettres de la dépêche et le nombre des lettres supplémentaires du mot-clef.

Le nombre des lettres de la dépêche donne à la clef numérique un caractère d'individualité qui lui est spécial ; le nombre des lettres supplémentaires lui imprime un autre cachet de particularisme variable au gré de l'expéditeur.

Tout en convenant que le résultat fourni par notre méthode est bien indéchiffrable, quelques esprits portés à la critique pourront alléguer que les opérations à effectuer sont un peu minutieuses ; nous pourrions riposter en disant qu'elles sont presque mécaniques : nous préférons leur dire : Rappelez-vous les écritures en hauteur et en largeur des systèmes habituels de transposition double, et les relèvements dans les deux sens, et les rangées, et les colonnes ; rappelez-vous tout ce travail compliqué autant que fastidieux,... et comparez.

Avant d'aborder le problème de la combinaison des méthodes, il nous a paru intéressant de relever un peu aux yeux de nos lecteurs le principe de la transposition simple, tant décrié jusqu'ici et cependant si commode et si digne de confiance lorsqu'on sait l'appliquer avec discernement : la méthode de transposition simple à triple clef que nous venons de décrire en est la preuve.

II

Méthodes combinées.

Principe de nos nouvelles combinaisons. — Les divers systèmes de cryptographie que nous avons énumérés peuvent être classés en deux familles bien distinctes :

1re FAMILLE. *Méthodes par substitution*, dans lesquelles les lettres claires sont remplacées par d'autres lettres issues d'alphabets régulièrement ou irrégulièrement intervertis.

2e FAMILLE. *Méthodes par transposition*, dans lesquelles les lettres claires subissent un simple déplacement dans la phrase.

La solution théorique qui se présenterait à l'esprit pour réunir les méthodes dans un même système consisterait à employer cumulativement un procédé par substitution déjà indéchiffrable par lui-même avec un procédé par transposition également indéchiffrable. Incontestablement cette solution est parfaitement réalisable, puisque nos recherches ont déjà eu pour résultat de nous doter de procédés isolément indéchiffrables dans l'une et l'autre famille : l'emploi combiné des alphabets algébriques et de la transposition à clef indéfinie répondrait à la question ainsi envisagée.

Mais si l'on se place maintenant au point de vue de l'application usuelle du procédé à trouver, il est une condition nouvelle qui doit être prise en très sérieuse considération, celle de la simplicité et de la rapidité des opérations à effectuer pour chiffrer et déchiffrer ; autrement dit : la facile manipulation du procédé est pour le moins aussi nécessaire que son indéchiffrabilité.

Afin donc de rester sur le terrain des opérations promptes et faciles, nous limiterons nos combinaisons de méthodes à deux solutions basées :

La 1re sur une transposition indéchiffrable alliée à une interversion aussi réduite que possible.

La 2e sur une substitution par interversion convenablement choisie employée simultanément avec une transposition aussi simplifiée que possible.

A. Transposition à clef indéfinie et substitution à simple clef combinées.

Dans ce système nous appliquons le mode de transposition à clef variable et indéfinie que nous avons exposé, en combinaison avec la substitution résultant d'un alphabet conventionnel employé à simple clef.

Soit le mot *patrie* comme clef de transposition, et soit comme alphabet conventionnel les mots *combat de Ligny* entre les lettres desquels nous intercalerons les lettres absentes dans l'ordre alphabétique inverse.

Chaque correspondant aura soin de dresser et de conserver le tableau de correspondance suivant :

A	B	C	D	E	F	G	H	I	J	K	L	M	N	O	P	Q	R	S	T	U	V	X	Y	Z
c	z	o	x	m	v	b	u	a	s	t	r	d	q	e	p	l	k	i	j	g	h	n	f	y

Prenons comme texte clair de la dépêche : *bonjour frère*.

La transposition avec le mot *patrie* nous donnera, ainsi que nous l'avons déjà vu : *o f e u e o r b r a j   e n r i*. Soumettons ce texte à la substitution résultant de notre alphabet conventionnel,

$$o\ f\ e\ u\ e\ o\ r\ b\ r\ a\ j\ e\ n\ r\ i$$
$$=\ e\ v\ m\ g\ m\ e\ k\ z\ k\ c\ s\ m\ q\ k\ a$$

et nous expédierons le dernier texte précédé du nombre des lettres de la dépêche :

$$15.\ e\ v\ m\ g\ m\ e\ k\ z\ k\ c\ s\ m\ q\ k\ a$$

Le travail de substitution peut être effectué soit avant, soit après la transposition, le résultat chiffré sera le même, puisque nous opérons la substitution à simple clef, c'est-à-dire avec un seul alphabet.

La seule critique qui puisse être faite au premier abord à ce système si remarquablement simple est relative à la pratique de la substitution à simple clef qui permet de trouver facilement la lettre figurative de E, mais il est facile de voir que cette découverte ne conduirait à rien, puisque le reste de l'alphabet n'en serait pas moins secret et que d'ailleurs les E du texte clair ont été transposés dans un ordre inconnu : vouloir rétablir une phrase rien qu'avec des E qui ne sont pas à leur place, c'est rêver l'impossible.

La sécurité du système nous paraît tellement bien établie que nous avons permis aux correspondants de conserver en permanence leur alphabet de substitution. Sans doute ils pourraient chaque fois établir le tableau de mémoire et le détruire après chiffrement ou déchiffrement effectué ; mais supposons,

au pis aller, que le tableau vienne à tomber entre des mains
indiscrètes, le rétablissement des lettres claires aboutirait
simplement à un texte transposé déjà illisible à lui seul.

Nous recommandons le système qui vient d'être décrit pour
le chiffrement des dépêches moyennement longues de la correspondance télégraphique journalière ; lorsqu'il s'agira de
chiffrer un texte très long, le praticien trouvera peut-être une
certaine gêne dans l'emploi d'une clef numérique très longue
pour la transposition, puisque le mode opératoire oblige à
cheminer de la gauche à la droite autant de fois qu'il y a de
lettres différentes dans le mot-clef. Ce très léger inconvénient
opératoire va disparaître dans la méthode qui va suivre,
méthode dont l'application ne demande pour ainsi dire aucune
attention.

B. Substitution à clef multiple variable et transposition simple combinées.

Dans la méthode nouvelle que nous allons décrire, la substitution sera effectuée d'après le mode d'interversion le plus
élémentaire et le moins pourvu d'artifice parmi tous ceux que
nous avons analysés : nous opérerons d'après le tableau de
Vigenère représenté par la simple réglette de Saint-Cyr, dispositif qui n'a rien de secret, que chacun peut porter en
poche sans que sa perte puisse servir en rien à l'ennemi, et qui,
à proprement parler, ne constitue même pas un appareil spécial.
Pour la commodité de la correspondance on y ajoutera, sous
forme de tableau, l'ensemble de certaines conventions géné-
rales qui n'ont pas non plus à être tenues secrètes. Expliquons
d'abord ce tableau dont les équivalences entre les lettres et les
signes numériques ou orthographiques peuvent d'ailleurs être
utilisées dans tous les autres systèmes d'écriture secrète que
nous avons précédemment mentionnés.

Tableau usuel de concordance. — Ce tableau, ainsi que
la réglette de Saint-Cyr qui l'accompagne, peut être calligra-
phié sur bon papier un peu fort, ou mieux sur parchemin ; la
réglette mobile glissera dans deux coulisses en fil établies en
dessous des extrémités de l'alphabet fixe ; une simple encoche

au canif à chaque extrémité ferait également office de coulisse.

Numération		Ponctuation		marque de numération ou de ponctuation
Chiffres	Virgule de fraction / Barre de fraction / ier, ième, o, ièmement / trait d'union ou de séparation	virgule / point et virgule / deux points / point / point d'interrogation / point d'exclamation / à la ligne / guillemets / ouvrez la parenthèse / fermez la parenthèse		

1	2	3	4	5	6	7	8	9	0	,	/	×	−	,	;	:	.	?	!	\	«	(	)	+
A	B	C	D	E	F	G	H	I	J	K	L	M	N	O	P	Q	R	S	T	U	V	X	Y	Z
01	02	03	04	05	06	07	08	09	10	11	12	13	14	15	16	17	18	19	20	21	22	23	24	25
a	b	c	d	e	f	g	h	i	j	k	l	m	n	o	p	q	r	s	t	u	v	x	y	z	a	b	etc

La concordance des signes avec l'alphabet fixe se comprend aisément : 1 correspond à A et sera cryptographié par la lettre représentative de A ; etc.

Tout signe de numération ou de ponctuation sera encadré dans le texte clair, avant et après, par le signe + qui lui-même sera mentionné dans le cryptogramme par la lettre représentative de la lettre rare Z.

Le signe — séparera les nombres dans la numération et sera trait d'union dans la ponctuation ; dans l'un et l'autre cas il sera chiffré par la lettre représentative de N. Lorsqu'il sera isolé comme trait d'union, il suivra la règle générale, c'est-à-dire qu'il sera encadré dans le texte clair ; soit + — +.

La troisième ligne 01-02-03, etc., est applicable à la correspondance télégraphique et sert à la transformation des lettres en nombres et réciproquement, ainsi qu'il sera expliqué dans la 5ᵉ partie de ce travail.

Enfin la dernière ligne figure la réglette mobile dite de Saint-Cyr, comportant en double l'alphabet normal.

Rien de tout cela, encore une fois, n'est secret et ne peut être considéré comme note écrite afférente au principe de la méthode cryptographique que nous allons maintenant expliquer.

Exposé de la méthode. — Ce nouveau système comporte une clef de trois mots, soit : *vingt-sept janvier*. Il est utile, mais non nécessaire, que le compte des lettres dans chacun des mots fournisse trois nombres *premiers entre eux ;* dans le cas présent : 5, 4 et 7.

En tête du texte clair le chiffreur placera, à sa guise, une quelconque des 10 premières lettres de l'alphabet ; soit C. Cette lettre qui, dans le tableau de concordance, répond à 3, signifiera conventionnellement qu'il faut commencer le chiffrement sur la 3ᵉ lettre du premier mot-clef : soit *n* du mot *vingt*.

Le texte clair, non compris la lettre C, sera interverti par substitution de lettres d'après le système connu de Vigenère sur une clef constituée par *ngt* suivi du premier mot *vingt* autant de fois qu'il sera nécessaire. En tête de ce premier texte chiffré on replacera la lettre C.

Le premier texte chiffré, y compris la lettre C, sera complété, s'il est nécessaire, par des lettres nulles pour arriver à ce que le nombre total des lettres de la dépêche soit un multiple de 5 : cette disposition, outre son utilité cryptologique, est prise en vue de la transmission par voie télégraphique qui admet les textes chiffrés par groupes de 5 lettres au plus comptés chacun pour un mot. Ceci fait, le texte entier sera transposé selon la méthode de transposition simple par séries de 4 lettres sur le deuxième mot *sept*, contenant 4 lettres, répété autant de fois qu'il sera nécessaire.

Enfin, le texte ainsi transposé sera à son tour interverti par substitution, à l'aide du troisième mot de la clef *janvier*, répété autant de fois qu'il sera nécessaire, et toujours d'après le système de Vigenère à l'aide de la réglette mobile.

Le cryptogramme finalement obtenu, disposé par groupes de 5 lettres et précédé de l'indication en clair du nombre de groupes, sera expédié au correspondant par voie télégraphique ou autre ; *il est indéchiffrable* pour quiconque ne possède pas la clef.

Le déchiffrement avec clef se comprend de lui-même : il est

présenté par les opérations précédentes renouvelées dans l'ordre inverse.

Voici maintenant comment les écritures sont disposées ; soit à cryptographier : *J'ai lancé 98 invitations.*

```
          c|j a i l a n c e + 9 8 + i n v i t a t i o n s
            n g t v i n g t  v i n  g t v i n g t v i n g t
          ─────────────────────────────────────────────────
          c x g c h . i b i  y u . q u  f c j . e v a t p . k c t m k .
sept = 3124   3 1 2 4|3 1 2 4|3 1  2 4|3 1 2 4|3 1 2 4|3 1 2 4|1
          ─────────────────────────────────────────────────
          x g c c i b h i u q  y u c j f  e a t v p c t q m k
          j a n v i e r  j a n v i e r j  a n v i e r j a n v
          ─────────────────────────────────────────────────
          g g p y q . f z  r u e . t d g b o . e n p e t . t d q a g .
          = 5 groupes  ggpyq fzrue tdgbo enpet tdqag.
```

A la 1re ligne, la lettre *c* est séparée du texte clair par une barre, pour rappeler qu'elle ne doit pas être comprise dans la substitution.

A la 3e ligne, les points indiquent le dénombrement par 5 qui fait ressortir la nécessité de la lettre nulle *k*.

La 4e ligne est précédée de l'indication de la clef numérique de transposition *sept* = 3124. Les séries de transposition y sont séparées par des barres. On remarquera la dernière série qui peut être incomplète ; s'il n'y a qu'une lettre à chiffrer, on met 1 ; s'il y a deux lettres, on met 21 (pour 31), etc.

Dans la 7e ligne, les points indiquent le dénombrement par 5.

Le travail de substitution peut être conduit très rapidement et par un très petit nombre de déplacements de la réglette mobile ; ainsi, l'alphabet *n* étant en place, on chiffrera en une fois toutes les lettres qui se trouvent au-dessus des *n* de la clef répétée ; de même pour l'alphabet *g*, etc. Le travail devient ainsi presque mécanique ; on peut l'interrompre pour ne le reprendre que quelque temps après, sans avoir à faire de calculs pour retrouver le fil des opérations.

Lorsque le destinataire de la dépêche opérera son déchiffrement, le texte clair se présentera au premier abord sous cette forme : *j'ai lancé z i h z,* etc. Le groupe dépourvu de sens mais limité par des *z* fait comprendre qu'il faut chercher la traduction non dans l'alphabet, mais dans les signes de numération et de ponctuation ; le sens exact + 98 + se rétablit.

Analyse de la méthode. — La simplicité élémentaire et la rapidité relative des opérations successives de notre nouvelle méthode dépassent de beaucoup tout ce qui a été imaginé dans les systèmes anciens. Sans vouloir ici révéler le secret de certains procédés réglementairement mis en pratique dans l'armée, nous dirons à tous les généraux, à tous les commandants d'armes : Veuillez vous remémorer quelques-unes des méthodes passées dans lesquelles on rangeait les lettres alternativement de gauche à droite, puis de droite à gauche, avec relèvement vertical de haut en bas, puis de bas en haut, le tout disposé d'après un tracé géométrique variable en raison du nombre des lettres de la clef combiné avec celui des lettres de la dépêche ; rappelez-vous les erreurs inévitables qui résultaient de pareilles complications,... et comparez. Inutile d'ailleurs d'ajouter que ces systèmes défectueux, qui recherchaient la sécurité par la complication des moyens plutôt que par leur valeur théorique, ont tous été percés à jour et qu'il a fallu successivement les abandonner après quelques mois d'expérimentation. Au surplus, *la conservation du secret de la méthode* était considérée, dans ces divers systèmes, comme une des conditions nécessaires à la sécurité de la correspondance ; ce grave défaut aurait dû motiver d'avance leur condamnation, ne les regrettons pas.

Notre méthode actuelle repose en principe sur deux substitutions séparées par une transposition. Dans l'exemple que nous avons chiffré, le texte substitué par séries de 5 sur le mot de 5 lettres *vingt* est soumis à une transposition par séries de 4 lettres *sept*. La série périodique de 20 (5 × 4 = 20) qui en résulte n'a aucun rapport avec le nombre des lettres de la dépêche ; comme en outre elle est le résultat d'application de deux modes cryptographiques de famille différente, on pourrait déjà estimer que le cryptogramme limité à ces deux seules opérations braverait les efforts d'un déchiffreur indiscret.

Ce texte déjà embrouillé est ensuite soumis à une seconde substitution par séries de 7 sur le mot de 7 lettres *janvier*, ce

qui porte la période entière des transformations à 140, soit
$5 \times 4 \times 7 = 140$: c'est presque une série indéfinie.

Le cryptogramme porte en lui son caractère d'individualité
propre résultant du choix arbitraire de la lettre *c* qui a fait
commencer le chiffrement sur la 3e lettre de la clef. Cette lettre
indicatrice, placée d'abord au premier rang, restera introuvable
comme rang, puisqu'elle sera transposée, et comme valeur,
puisqu'elle sera intervertie.

Le dénombrement par 5 ajoute un nouveau facteur variable,
puisque le déchiffreur indiscret ignore s'il existe des lettres
nulles et, dans le cas de l'affirmative, quel en est le nombre.

Outre les lettres supplémentaires du commencement et de
la fin, la transposition du texte empêche le déchiffreur de classer les mots probables qu'il présumerait devoir se trouver soit
au commencement, soit à la fin ; la difficulté qui en provient est
encore augmentée par ce fait qu'il ignore si la dernière série de
transposition, complète ou incomplète, aura été transposée
régulièrement ou irrégulièrement. La sécurité qui résulte d'une
pareille combinaison est tellement grande qu'un texte chiffré
procuré par l'administration des télégraphes pourra sans inconvénient être rapproché de la traduction en clair qui paraî-
trait ultérieurement dans les journaux : *le secret de la clef* ne
sera même pas entrevu.

Il est presque inutile enfin d'ajouter que le rapprochement
de plusieurs dépêches différentes écrites avec la même clef ne
conduirait à rien de sérieux, puisque le chiffrement, commencé
tantôt sur une lettre, tantôt sur une autre, repose en réalité
sur une clef variable.

Les particularités mêmes d'un texte ne peuvent que dérou-
ter le déchiffreur. Ainsi, dans notre cryptogramme, nous trouvons deux fois le groupe *t d* ; est-ce un groupement fortuit,
est-ce une similitude de série ou de symétrie ? Si nous nous
reportons aux écritures, nous constatons que les deux bigrammes *t d* se trouvent l'un et l'autre placés sous *i n* de la clef
vingt, et il semble qu'il y ait là un point de rapprochement. Il
n'en est rien cependant, puisque le premier groupe *t d* correspond à *y u*, fourni lui-même par la transposition 3.4, laquelle
en clair se range 1.4, en sorte qu'il se traduit par *e*, 8 (ou *h*) :

tandis que le second *t d* correspond à *c t*, fourni lui-même par
la transposition 1.2, laquelle en clair se range 2.3, en sorte
qu'il se traduit par *o n*. Il n'existe aucune symétrie, aucun
point de contact entre *e h* espacés à 3 rangs dans l'alphabet
normal et *o n* espacés à 25 (ou — 1). Nous avons donc affaire à
un groupement de rencontre qui ne peut diriger en rien les
calculs du déchiffreur.

Notre nouvelle méthode de cryptographie réalise la série
complète des *desiderata* que nous avons énumérés au début
de cette étude :

1° *Elle est indéchiffrable.*

2° *Elle chiffre par les modes les plus élémentaires de la crypto-graphie.*

3° *Elle conduit à un texte transmissible par le télégraphe sans modification.*

4° *Elle ne comporte pas le secret des opérations.*

5° *Elle fait usage d'une clef qui peut être retenue de mémoire.*

6° *Elle opère avec le seul concours d'un crayon et de papier, sans le secours de notes écrites ou de tableaux conventionnels.*

7° *Bien que ne comportant pas le secret, elle permet le rappro-chement du clair et du chiffre sans divulguer la clef.*

Notre nouvelle méthode réalise incontestablement le *grand
chiffre politique, diplomatique et militaire.*

Précautions facultatives de correspondance. — Certaines précautions, nullement indispensables, mais dont l'utilité
est loin d'être négligeable, peuvent être prises dans la rédaction des dépêches. Prenons un exemple qui fera bien ressortir
notre pensée. Nous relevons en ce moment dans un journal
l'information suivante reçue d'un correspondant de Londres :

« *On fortifie l'entrée de la Clyde et l'entrée de la Tamise. Deux
cents canons neufs ont été mis en batterie.* »

Cette dépêche contient 84 lettres ; dans le cas où l'expéditeur l'aurait remise au télégraphe après l'avoir cryptographiée
d'après notre dernière méthode sans modification du texte
clair, le texte chiffré eût comporté en plus la lettre indicative
du commencement de la clef, total 85, nombre multiple de 5
qui n'aurait pas nécessité l'adjonction de lettres nulles. Si donc
le texte chiffré que le poste télégraphique anglais de départ

n'aura pas manqué de communiquer à son gouvernement contient 85 lettres, le déchiffreur anglais qui a tout intérêt à découvrir le chiffre d'un informateur aussi bien renseigné sera porté à supposer que le cryptogramme, dont le journal français lui a fourni la traduction, aurait été rédigé d'après notre méthode. Cette présomption lui serait de nul secours, nous le savons. Mais d'autre part, le correspondant, qui doit se préoccuper de ne rien livrer du secret de ses moyens, pas même l'indication de la méthode cryptographique dont il fait usage, aurait agi sagement en modifiant légèrement l'orthographe du texte clair de sa dépêche. La langue française se prête admirablement à ce *truquage* orthographique, sans que le sens des mots soit en rien modifié : la lettre *u* après *q* peut toujours être supprimée; les lettres muettes ainsi que les lettres redoublées peuvent aussi être supprimées. On peut même, dans cet ordre d'idées, adopter les conventions de la sténographie qui représente les sons sans se préoccuper de l'orthographe. En tout cas, cette simplification d'écriture ne doit porter que sur quelques lettres inutiles prises au hasard, et non sur toutes, pour laisser l'ennemi dans l'ignorance des passages défigurés ; en sorte que le télégramme cité aurait pu être rédigé en clair par le chiffreur ainsi qu'il suit :

On fortifi l'entrée de la Clyde et l'entre de la Tamise. Deu cen canon neufs ont été mi en bateri.

Les lettres chiffrées ne concorderont ainsi en rien avec celles du texte rectifié tel qu'il paraîtra ensuite dans le journal destinataire ; et, dans le cas présent, le nouveau texte de 75 lettres, augmenté d'une lettre conventionnelle plus 4 nulles, aurait fourni 80 lettres chiffrées au lieu de 85.

Le truquage du clair est une précaution qu'il est toujours bon d'adjoindre au truquage résultant de la cryptographie théorique.

5ᵉ PARTIE.

CRYPTOGRAPHIE NUMÉRIQUE.

I

Transformation des lettres en chiffres.

Transmission télégraphique des cryptogrammes. — Les règlements français pour la transmission des dépêches secrètes autorisent la rédaction des cryptogrammes soit en lettres soit en chiffres ; par contre, le règlement télégraphique international mis en vigueur depuis le 1ᵉʳ juillet 1891 n'admet que la rédaction en chiffres arabes. Dans l'un et l'autre cas un groupe de 5 signes au plus est compté pour un mot.

Dans ces conditions, il devient utile de convenir d'un procédé facile et expéditif pour convertir les lettres en chiffres et réciproquement.

Valeur numérique des lettres. — L'écriture française emploie 25 lettres ; désignons chaque lettre par son numéro d'ordre dans l'alphabet normal, en ayant soin de mettre un 0 devant les 9 premiers nombres ; cette addition du 0 n'a d'ailleurs d'autre but que de faire correspondre chaque lettre à un groupe composé uniformément de 2 chiffres.

A	B	C	D	E	F	G	H	I	J	K	L	M	N	O	P	Q	R	S	T	U	V	X	Y	Z
01	02	03	04	05	06	07	08	09	10	11	12	13	14	15	16	17	18	19	20	21	22	23	24	25

L'utilisation de ce tableau se comprend aisément : chaque lettre du cryptogramme sera remplacée par le groupe de deux chiffres conventionnellement équivalent, et réciproquement.

Cette table de renvoi qui n'a rien de secret, puisqu'elle n'est qu'un simple mode de transformation indépendant de la méthode cryptographique employée, est celle qui figure dans le tableau usuel de concordance que nous avons précédemment donné.

Soit à transformer en style télégraphique international la phrase *bonjour frère* que nous aurons préalablement cryptographiée, par exemple, par la méthode de transposition à clef variable et indéfinie, en un texte ainsi conçu :

15.ofeueorbrajenri

La transformation en chiffres donnera :

15. o f e u e o r b r a j e n r i
30.15.06.05.21.05.15.18.02.18.01.10.05.14.18.09.

et l'on remettra au télégraphe la dépêche suivante :

30150   60521   05151   80218   01100   51418   09.

Le destinataire de la dépêche comprendra aisément que les deux premiers chiffres 30 indiquent le nombre des chiffres du texte, soit 15 lettres ; la suite du travail ne présente aucune particularité.

II

Répertoires chiffrés.

Les chiffres, de même d'ailleurs que tous les autres signes graphiques imaginables, lettres, signes de ponctuation, notations algébriques, figures géométriques,... etc., peuvent être utilisés pour la représentation cryptographique d'un texte clair ; la représentation peut en outre porter non seulement sur les lettres isolées du texte clair, mais sur des mots, des phrases entières d'un usage courant. Tel est le principe des diverses tables chiffrantes et déchiffrantes imaginées depuis des siècles. De nos jours les chiffres sont seuls employés dans les répertoires de cette nature qu'on a soin de disposer sous forme de dictionnaires, c'est-à-dire dans un ordre régulier alphabétique ou numérique, afin d'en faciliter l'emploi.

Tableaux chiffrants et déchiffrants. — La diplomatie a

conservé l'usage de tables chiffrantes et déchiffrantes ainsi établies :

Un premier répertoire mentionne, dans l'ordre alphabétique, les mots, noms propres, phrases entières dont l'emploi est à prévoir ; en face on inscrit des numéros d'ordre répartis absolument au hasard ; c'est la table chiffrante.

Un autre répertoire contiendra les numéros classés dans l'ordre progessif naturel et en face les locutions correspondantes ; c'est la table déchiffrante.

Le secret des tableaux s'impose dans l'application d'un pareil procédé cryptographique. Voici comment les gouvernements parviennent toutefois à rétablir le chiffre de leurs voisins : chacun d'eux tient note des dépêches chiffrées remises au télégraphe par les agents diplomatiques, et même de celles qui passent simplement en transit sur son propre réseau télégraphique ; puis, lors de la publication des cahiers diplomatiques nécessités par le contrôle parlementaire des Chambres, le rapprochement du clair et du chiffre permet de reconstituer, tout au moins en partie, les tables cryptographiques qui ont servi. Lorsque de nouvelles dépêches seront transmises télégraphiquement, le sens général d'une phrase dans laquelle figureront quelques locutions déjà connues permettra d'en découvrir d'autres, etc.

Pour parer à ce grave danger, les gouvernements ont pris le parti laborieux de renouveler fréquemment de fond en comble leurs tables secrètes devenues inutiles.

Répertoires permanents. — On trouve, en librairie, des répertoires qui sont à la fois chiffrants et déchiffrants. Le texte imprimé ne comprend que des lettres rangées alphabétiquement par groupes, mots, locutions ou phrases entières ; en regard, des cases laissées en blanc permettent aux correspondants de disposer le numérotage à leur guise. Seulement, comme ces dictionnaires chiffrants doivent être en même temps déchiffrants, le numérotage doit suivre un ordre régulier, le point de départ seul en est livré au hasard.

Le secret des dictionnaires chiffrés établis d'après cette méthode est plus facile à percer encore que celui des tables diplomatiques, puisque la connaissance d'une seule locution chiffrée permet de rétablir le numérotage entier.

Répertoires commerciaux. — En vue de diminuer les frais de transmission télégraphique, certains auteurs ont publié des répertoires dans lesquels les locutions, les phrases usuelles comprenant plusieurs mots sont figurées en regard par des nombres comportant aussi peu de chiffres que possible. Cette combinaison, d'ordre purement économique, n'a aucun rapport avec la cryptographie.

III

Nouveau système de tables chiffrées.

Les divers dictionnaires chiffrés publiés jusqu'à ce jour contiennent au moins dix mille groupements de lettres, avec dix mille cases pour leur représentation numérique. Le tout constitue un volume sinon bien gros, du moins encombrant lorsqu'il s'agit de le porter en poche ; leur manipulation est longue, car il faut presque toujours tâtonner avant de trouver la page cherchée. Il nous semble que, dans leur établissement, ou a quelque peu perdu de vue le principe sur lequel ils reposent, principe que nous n'avons vu nulle part clairement exprimé et qui est cependant bien simple et bien rationnel.

Principe de la méthode. — La méthode la plus élémentaire de passer d'un texte littéral à un cryptogramme numérique consisterait à représenter chacune des 25 lettres de l'alphabet par un numéro pris au hasard de 01 à 25. Les deux tables qui suivent, l'une chiffrante, l'autre déchiffrante, donnent une idée de ce procédé théorique.

A. TABLE CHIFFRANTE

a	b	c	d	e	f	g	h	i	j	k	l	m	n	o	p	q	r	s	t	u	v	x	y	z
25	24	11	15	09	23	22	14	08	21	05	10	01	20	06	19	18	13	03	12	17	07	16	02	04

B. TABLE DÉCHIFFRANTE

01	02	03	04	05	06	07	08	09	10	11	12	13	14	15	16	17	18	19	20	21	22	23	24	25
m	y	s	z	k	o	v	i	e	l	c	t	r	h	d	x	u	q	p	n	j	g	f	b	a

Le secret des tables constitue tout le secret du chiffre.

Dans le but de pouvoir établir les tables de mémoire, les correspondants pourraient convenir d'un alphabet à clef facile à retenir par chacun d'eux, dresser d'abord la table déchiffrante sur cet alphabet-clef et terminer par la table chiffrante équivalente.

Nouvelles tables numériques par bigrammes. — Il est facile de voir que ces tables à une seule lettre seraient de bien médiocre valeur au point de vue cryptologique : le groupement numérique 09, représentatif de *e*, se retrouverait très fréquemment dans le texte chiffré ; après viendraient les groupements 03 et 13 qui figurent les lettres fréquentes *s* et *r*. Le système équivaudrait, en somme, à un procédé d'interversion à simple clef à peine déguisé.

Mais, si les tables à une seule lettre sont de valeur nulle, il n'en sera pas de même des tables basées sur la représentation numérique des bigrammes.

Quelques cryptologues intrépides ont essayé d'établir le dénombrement de probabilité des bigrammes ; M. le capitaine Valerio, entre autres, a ébauché ce travail pour les principales langues européennes : aucun d'eux n'a pu faire ressortir de conclusions bien nettes relativement à leur fréquence. Disons sans crainte que le problème est insoluble ; car, alors même que le dénombrement des bigrammes d'un texte immensément long ferait ressortir pour chacun d'eux un coefficient de probabilité quelconque, ce coefficient resterait certainement inapplicable aux bigrammes d'un texte relativement limité, eût-il même plusieurs milliers de lettres.

La langue française emploie 25 lettres ;

Chaque lettre combinée avec elle-même et avec les 24 autres forme 25 bigrammes ;

Le nombre total des bigrammes que peut former l'alphabet français est donc de 625 (25 × 25 = 625). Nous avons ainsi affaire à un nombre relativement peu considérable de bigrammes ; en sorte que toutes les combinaisons de lettres deux à deux, avec leurs représentations numériques de 001 à 625, peuvent être aisément inscrites sur la surface d'une feuille de papier de moyenne dimension. Un de ces tableaux, rangé par ordre alphabétique des bigrammes, et portant en regard les

625 numéros répartis absolument au hasard, constituera la table chiffrante ; l'autre tableau, corrélatif du premier, sera disposé par ordre numérique de 001 à 625 et reproduira en regard de chaque numéro le bigramme correspondant : ce sera la table déchiffrante.

Nous donnons, en appendice, un modèle commode des deux tables numériques par bigrammes, l'une chiffrante et l'autre déchiffrante. Chacun pourra, à son gré, remplir la colonne des numéros dans la table chiffrante, et ensuite la colonne des bigrammes correspondants dans la table déchiffrante.

L'emploi de ces tables se comprend sans difficulté : les bigrammes successifs du texte clair seront cryptographiquement figurés par les nombres toujours de trois chiffres qui se trouvent en regard dans la table chiffrante, et réciproquement.

Nouvelles tables littérales par bigrammes. — Le principe des tables par bigrammes comporte, dans son application, une variante élégante qui consiste à représenter les 625 bigrammes, non plus par les nombres de 001 à 625, mais par les lettres de l'alphabet français prises deux à deux, autrement dit par les mêmes 625 bigrammes répartis au hasard. Ce système rentrerait par sa nature dans le mode général de cryptographie par substitution de lettres, et pourrait logiquement être qualifié : *méthode par interversion à simple clef de l'alphabet des bigrammes.*

Nous donnons, en appendice, deux tableaux numérotés 1 et 2, et préparés pour être remplis en conséquence. Convenons par exemple que la table n° 1 sera notre table chiffrante, et que le n° 2 sera la table déchiffrante correspondante. La première colonne du n° 1 représentera en clair l'alphabet des bigrammes de *aa* à *zz* rangé dans l'ordre normal ; nous en obtiendrons la représentation cryptographique en marquant en regard, et absolument au hasard de la plume, la même série des bigrammes de *aa* à *zz* répartie dès lors cryptographiquement en alphabet interverti. Inversement, la table n° 2, devant être déchiffrante, comportera dans la première colonne l'alphabet chiffré des bigrammes rangés dans l'ordre normal, et en face on inscrira les bigrammes clairs correspondants tels qu'ils nous seront indiqués par la table n° 1 déjà établie.

Le lecteur comprendra que nos nouvelles tables, soit numériques, soit littérales, sont absolument comparables au point de vue théorique de l'indéchiffrabilité, puisqu'elles découlent du même principe. Pour l'usage courant, les tables numériques devront être seules employées s'il s'agit de correspondance télégraphique internationale, puisque les règlements internationaux n'admettent que la représentation cryptographique en chiffres arabes. Mais, lorsqu'il s'agira de correspondance intérieure, en France et aux colonies, où la représentation cryptographique en lettres est acceptée, il y aura tout avantage pour les particuliers à adopter les tables littérales.

Les tables littérales présentent en effet sur les tables numériques deux avantages bien caractérisés :

D'abord, chaque groupe de deux lettres fourni par le texte clair est, d'après les tables littérales, chiffré par deux signes seulement, soit deux lettres ; tandis que les tables numériques représentent le même bigramme du clair par trois signes, soit trois chiffres arabes. Il y a donc économie monétaire à adopter le système littéral dont la transmission télégraphique coûtera moins cher.

En second lieu, le lecteur s'apercevra facilement que chacune des tables littérales, n° 1 et n° 2, peut être à la fois chiffrante et déchiffrante. Selon les conventions, les deux correspondants chiffreront à volonté soit avec la table n° 1, soit avec la table n° 2 ; et inversement, ils déchiffreront soit avec la table n° 2, soit avec la table n° 1. Ils pourront aussi convenir que la table n° 1 sera chiffrante pour le correspondant A, et que la table n° 2 sera chiffrante pour le correspondant B ; dès lors le correspondant A déchiffrera les dépêches qu'il recevra avec la table n° 1, et le correspondant B déchiffrera celles reçues par lui avec la table n° 2. Chaque correspondant aura ainsi un *chiffre* différent, bien qu'établi sur la même clef, avantage dont il est superflu de faire ressortir l'importance.

Table par trigrammes. — Après nous quelque autre inventeur de systèmes inédits songera peut-être à établir les tables chiffrées des trigrammes soit numériques soit littérales. L'alphabet français fournit 15 625 trigrammes, soit 25^3 : vingt-cinq tableaux de chaque sorte, analogues à ceux que nous donnons pour les bigrammes, suffiraient à la besogne. En agissant ainsi, on retomberait dans les répertoires volumineux et encombrants, sans aucun profit pour la sécurité de la correspondance. Pour le moment, il nous a été agréable d'offrir à nos lecteurs des tables plus que portatives, puisque deux feuilles volantes les contiennent intégralement ; nous avons voulu démontrer au surplus que chacun peut avoir en portefeuille des tables cryptographiques tout aussi indéchiffrables que les tableaux diplomatiques, possédant en outre sur ceux-ci la supériorité théorique d'être basés sur des combinaisons aussi simples que rationnelles.

APPENDICE

1	2	3	4	5	6	7	8	9	10	11	12	13	14	15	16	17	18	19	20	21	22
K	K	K	K	K	K	K	K	K	K	K	K	K	K	K	K	K	K	K	K	K	K
Y	Y	Y	Y	Y	Y	Y	Y	Y	Y	Y	Y	Y	Y	Y	Y	Y	Y	Y	Y	Y	Y
A	B	C	D	F	G	H	I	J	L	M	N	O	P	Q	R	S	T	U	V	X	Z
G	A	L	X	T	D	P	R	B	J	Q	Z	H	M	F	N	V	I	S	C	U	O
L	C	U	B	P	J	N	Q	V	S	O	T	R	Z	H	F	D	M	G	X	A	I
D	G	J	U	I	X	M	N	A	B	F	O	P	Q	T	Z	C	R	V	L	S	H
O	Z	I	P	V	H	D	L	N	R	U	B	G	X	S	J	F	C	Q	T	M	A
J	L	S	A	M	B	Z	F	C	V	H	I	N	O	P	T	X	Q	D	U	G	R
N	R	F	O	U	Z	A	V	I	T	D	L	B	G	X	C	M	S	P	Q	H	J
X	D	B	S	R	U	Q	Z	G	A	T	H	M	F	I	O	L	N	C	J	V	P
S	U	G	C	Z	V	T	H	X	D	R	M	F	I	N	P	B	O	J	A	L	Q
H	O	R	M	C	P	X	J	Z	N	S	A	D	U	V	B	T	L	F	I	Q	G
Q	M	O	T	B	F	V	G	P	H	L	X	S	C	J	D	N	A	R	Z	I	U
B	J	V	G	Q	A	O	T	L	C	P	R	Z	H	M	I	U	F	X	S	D	N
C	V	X	J	H	L	R	M	S	U	Z	F	I	N	O	Q	G	P	A	D	B	T
Z	N	T	H	S	O	G	C	R	I	X	J	A	D	U	L	Q	V	M	F	P	B
R	I	Q	Z	X	N	B	S	T	F	G	C	J	A	D	V	P	U	H	M	O	L
U	X	A	V	N	S	F	O	D	G	I	P	Q	T	R	H	J	Z	L	B	C	M
M	P	Z	F	J	Q	S	A	H	O	C	D	U	V	L	G	R	B	I	N	T	X
V	S	D	L	O	C	I	P	U	X	N	Q	T	R	Z	M	A	H	B	G	J	F
I	T	M	N	D	R	J	U	F	Q	A	V	L	B	G	S	H	X	O	P	Z	C
P	H	N	Q	L	M	U	B	O	Z	V	G	X	S	C	A	I	J	T	R	F	D
T	F	P	R	G	I	L	X	Q	M	B	S	C	J	A	U	O	D	Z	H	N	V
F	Q	H	I	A	T	C	D	M	P	J	U	V	L	B	X	Z	G	N	O	R	S
E	E	E	E	E	E	E	E	E	E	E	E	E	E	E	E	E	E	E	E	E	E
A	B	C	D	F	G	H	I	J	L	M	N	O	P	Q	R	S	T	U	V	X	Z
G	A	L	X	T	D	P	R	B	J	Q	Z	H	M	F	N	V	I	S	C	U	O
L	C	U	B	P	J	N	Q	V	S	O	T	R	Z	H	F	D	M	G	X	A	I
D	G	J	U	I	X	M	N	A	B	F	O	P	Q	T	Z	C	R	V	L	S	H
O	Z	I	P	V	H	D	L	N	R	U	B	G	X	S	J	F	C	Q	T	M	A
J	L	S	A	M	B	Z	F	C	V	H	I	N	O	P	T	X	Q	D	U	G	R
N	R	F	O	U	Z	A	V	I	T	D	L	B	G	X	C	M	S	P	Q	H	J
X	D	B	S	R	U	Q	Z	G	A	T	H	M	F	I	O	L	N	C	J	V	P
S	U	G	C	Z	V	T	H	X	D	R	M	F	I	N	P	B	O	J	A	L	Q
H	O	R	M	C	P	X	J	Z	N	S	A	D	U	V	B	T	L	F	I	Q	G
Q	M	O	T	B	F	V	G	P	H	L	X	S	C	J	D	N	A	R	Z	I	U
B	J	V	G	Q	A	O	T	L	C	P	R	Z	H	M	I	U	F	X	S	D	N
C	V	X	J	H	L	R	M	S	U	Z	F	I	N	O	Q	G	P	A	D	B	T
Z	N	T	H	S	O	G	C	R	I	X	J	A	D	U	L	Q	V	M	F	P	B
R	I	Q	Z	X	N	B	S	T	F	G	C	J	A	D	V	P	U	H	M	O	L
U	X	A	V	N	S	F	O	D	G	I	P	Q	T	R	H	J	Z	L	B	C	M
M	P	Z	F	J	Q	S	A	H	O	C	D	U	V	L	G	R	B	I	N	T	X
V	S	D	L	O	C	I	P	U	X	N	Q	T	R	Z	M	A	H	B	G	J	F
I	T	M	N	D	R	J	U	F	Q	A	V	L	B	G	S	H	X	O	P	Z	C
P	H	N	Q	L	M	U	B	O	Z	V	G	X	S	C	A	I	J	T	R	F	D
T	F	P	R	G	I	L	X	Q	M	B	S	C	J	A	U	O	D	Z	H	N	V
F	Q	H	I	A	T	C	D	M	P	J	U	V	L	B	X	Z	G	N	O	R	S

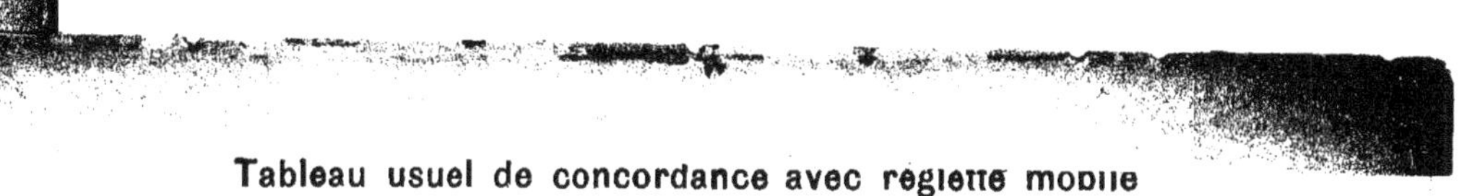

	Numération												Ponctuation												
	Chiffres										Virgule de fraction	Barre de fraction	ier, ième, o, ièmement	trait d'union ou de séparation	virgule	point et virgule	deux points	point	point d'interrogation	point d'exclamation	à la ligne	guillemets	ouvrez la parenthèse	fermez la parenthèse	marque de numération ou de ponctuation
1	2	3	4	5	6	7	8	9	0	⸰	/	×	–	,	;	:	.	?	!	\	«	(	)	+
A	B	C	D	E	F	G	H	I	J	K	L	M	N	O	P	Q	R	S	T	U	V	X	Y	Z
01	02	03	04	05	06	07	08	09	10	11	12	13	14	15	16	17	18	19	20	21	22	23	24	25

aa	ba	ca	da	ea	fa	ga	ha	ia	ja	ka	la	ma	na	oa	pa	qa	ra	sa	ta	ua	va	xa	ya	za
ab	bb	cb	db	eb	fb	gb	hb	ib	jb	kb	lb	mb	nb	ob	pb	qb	rb	sb	tb	ub	vb	xb	yb	zb
ac	bc	cc	dc	ec	fc	gc	hc	ic	jc	kc	lc	mc	nc	oc	pc	qc	rc	sc	tc	uc	vc	xc	yc	zc
ad	bd	cd	dd	ed	fd	gd	hd	id	jd	kd	ld	md	nd	od	pd	qd	rd	sd	td	ud	vd	xd	yd	zd
ae	be	ce	de	ee	fe	ge	he	ie	je	ke	le	me	ne	oe	pe	qe	re	se	te	ue	ve	xe	ye	ze
af	bf	cf	df	ef	ff	gf	hf	if	jf	kf	lf	mf	nf	of	pf	qf	rf	sf	tf	uf	vf	xf	yf	zf
ag	bg	cg	dg	eg	fg	gg	hg	ig	jg	kg	lg	mg	ng	og	pg	qg	rg	sg	tg	ug	vg	xg	yg	zg
ah	bh	ch	dh	eh	fh	gh	hh	ih	jh	kh	lh	mh	nh	oh	ph	qh	rh	sh	th	uh	vh	xh	yh	zh
ai	bi	ci	di	ei	fi	gi	hi	ii	ji	ki	li	mi	ni	oi	pi	qi	ri	si	ti	ui	vi	xi	yi	zi
aj	bj	cj	dj	ej	fj	gj	hj	ij	jj	kj	lj	mj	nj	oj	pj	qj	rj	sj	tj	uj	vj	xj	yj	zj
ak	bk	ck	dk	ek	fk	gk	hk	ik	jk	kk	lk	mk	nk	ok	pk	qk	rk	sk	tk	uk	vk	xk	yk	zk
al	bl	cl	dl	el	fl	gl	hl	il	jl	kl	ll	ml	nl	ol	pl	ql	rl	sl	tl	ul	vl	xl	yl	zl
am	bm	cm	dm	em	fm	gm	hm	im	jm	km	lm	mm	nm	om	pm	qm	rm	sm	tm	um	vm	xm	ym	zm
an	bn	cn	dn	en	fn	gn	hn	in	jn	kn	ln	mn	nn	on	pn	qn	rn	sn	tn	un	vn	xn	yn	zn
ao	bo	co	do	eo	fo	go	ho	io	jo	ko	lo	mo	no	oo	po	qo	ro	so	to	uo	vo	xo	yo	zo
ap	bp	cp	dp	ep	fp	gp	hp	ip	jp	kp	lp	mp	np	op	pp	qp	rp	sp	tp	up	vp	xp	yp	zp
aq	bq	cq	dq	eq	fq	gq	hq	iq	jq	kq	lq	mq	nq	oq	pq	qq	rq	sq	tq	uq	vq	xq	yq	zq
ar	br	cr	dr	er	fr	gr	hr	ir	jr	kr	lr	mr	nr	or	pr	qr	rr	sr	tr	ur	vr	xr	yr	zr
as	bs	cs	ds	es	fs	gs	hs	is	js	ks	ls	ms	ns	os	ps	qs	rs	ss	ts	us	vs	xs	ys	zs
at	bt	ct	dt	et	ft	gt	ht	it	jt	kt	lt	mt	nt	ot	pt	qt	rt	st	tt	ut	vt	xt	yt	zt
au	bu	cu	du	eu	fu	gu	hu	iu	ju	ku	lu	mu	nu	ou	pu	qu	ru	su	tu	uu	vu	xu	yu	zu
av	bv	cv	dv	ev	fv	gv	hv	iv	jv	kv	lv	mv	nv	ov	pv	qv	rv	sv	tv	uv	vv	xv	yv	zv
ax	bx	cx	dx	ex	fx	gx	hx	ix	jx	kx	lx	mx	nx	ox	px	qx	rx	sx	tx	ux	vx	xx	yx	zx
ay	by	cy	dy	ey	fy	gy	hy	iy	jy	ky	ly	my	ny	oy	py	qy	ry	sy	ty	uy	vy	xy	yy	zy
az	bz	cz	dz	ez	fz	gz	hz	iz	jz	kz	lz	mz	nz	oz	pz	qz	rz	sz	tz	uz	vz	xz	yz	zz

Tableau usuel de concordance

Numération						Ponctuation									
Chiffres	Virgule de fraction	Barre de fraction	ier, ième, o, ièmement	trait d'union ou de séparation	virgule	point et virgule	deux points	point	point d'interrogation	point d'exclamation	à la ligne	guillemets	ouvrez la parenthèse	fermez la parenthèse	marque de numération ou de ponctuation
1 2 3 4 5 6 7 8 9 0	,	/	×	–	,	;	:	.	?	!	\	«	(	)	+
A B C D E F G H I J	K	L	M	N	O	P	Q	R	S	T	U	V	X	Y	Z

001	026	051	076	101	126	151	176	201	226	251	276	301	326	351	376	401	426	451	476	501	526	551	576	601
002	027	052	077	102	127	152	177	202	227	252	277	302	327	352	377	402	427	452	477	502	527	552	577	602
003	028	053	078	103	127	153	178	203	227	253	277	303	327	353	377	403	428	453	478	503	528	553	578	603
004	029	054	079	104	128	154	178	204	228	254	278	304	328	354	378	404	428	454	478	504	528	554	578	604
005	030	055	080	105	129	155	179	205	229	255	279	305	329	355	379	405	429	455	479	505	529	555	579	605
006	031	056	081	106	130	156	180	206	230	256	280	306	330	356	380	406	430	456	480	506	530	556	580	606
007	032	057	082	107	131	157	181	207	231	257	281	307	331	357	381	407	431	457	481	507	531	557	581	607
008	033	058	082	108	132	158	182	208	232	258	282	308	332	358	382	408	432	458	482	508	532	558	582	608
009	034	059	083	109	133	159	183	209	233	259	283	309	333	359	383	409	433	459	483	509	533	559	583	609
010	035	060	084	110	134	160	184	210	234	260	284	310	334	360	384	410	434	460	484	510	534	560	584	610
011	036	061	085	111	135	161	185	211	235	261	285	311	335	361	385	411	435	461	485	511	535	561	585	611
012	037	062	086	112	136	162	186	212	236	262	286	312	336	362	386	412	436	462	486	512	536	562	586	612
013	038	063	087	113	137	163	187	213	237	263	287	313	337	363	387	413	437	463	487	513	537	563	587	613
014	039	064	088	114	138	164	188	214	238	264	288	314	338	364	388	414	438	464	488	514	538	564	588	614
015	040	065	089	115	139	165	189	215	239	265	289	315	339	365	389	415	439	465	489	515	539	565	589	615
016	041	066	090	116	140	166	190	216	240	266	290	316	340	366	390	416	440	466	490	516	540	566	590	616
017	042	067	091	117	141	167	191	217	241	267	291	317	341	367	391	417	441	467	491	517	541	567	591	617
018	043	068	092	118	142	168	192	218	242	268	292	318	342	368	392	418	442	468	492	518	542	568	592	618
019	044	069	093	119	143	169	193	219	243	269	293	319	343	369	393	419	443	469	493	519	543	569	593	619
020	045	070	094	120	144	170	194	220	244	270	294	320	344	370	394	420	444	470	494	520	544	570	594	620
021	046	071	095	121	145	171	195	221	245	271	295	321	345	371	395	421	445	471	495	521	545	571	595	621
022	047	072	096	122	146	172	196	222	246	272	296	322	346	372	396	422	446	472	496	522	546	572	596	622
023	048	073	097	123	147	173	197	223	247	273	297	323	347	373	397	423	447	473	498	523	547	573	597	623
024	049	074	098	124	148	174	198	224	248	274	298	324	348	374	398	423	448	474	499	524	548	574	598	624
025	050	075	099	125	149	175	199	225	249	275	299	325	349	375	399	425	449	475	500	525	549	575	599	625
		100		150			200		250		300		350		400		450				550		600	

Tableau usuel de concordance

Numération		Ponctuation	

		Chiffres					Virgule de fraction	Barre de fraction	ier, ième, o, ièmement	trait d'union ou de séparation	virgule	point et virgule	deux points	point	point d'interrogation	point d'exclamation	à la ligne	guillemets	ouvrez la parenthèse	fermez la parenthèse	marque de numération ou de ponctuation
1	2	3	4	5	6	7	8	9	0	'	/	×	–	,	;	:	.	?	!	\	«	(	)	+
A	B	C	D	E	F	G	H	I	J	K	L	M	N	O	P	Q	R	S	T	U	V	X	Y	Z

Table littérale par bigrammes N° 1, chiffrante et déchiffrante

Placez au hasard la série des bigrammes de aa à zz.

b	c	d	e	f	g	h	i	j	k	l	m
ba	ca	da	ea	fa	ga	ha	ia	ja	ka	la	ma
bb	cb	db	eb	fb	gb	hb	ib	jb	kb	lb	mb
bc	cc	dc	ec	fc	gc	hc	ic	jc	kc	lc	mc
bd	cd	dd	ed	fd	gd	hd	id	jd	kd	ld	md
be	ce	de	ee	fe	ge	he	ie	je	ke	le	me
bf	cf	df	ef	ff	gf	hf	if	jf	kf	lf	mf
bg	cg	dg	eg	fg	gg	hg	ig	jg	kg	lg	mg
bh	ch	dh	eh	fh	gh	hh	ih	jh	kh	lh	mh
bi	ci	di	ei	fi	gi	hi	ii	ji	ki	li	mi
bj	cj	dj	ej	fj	gj	hj	ij	jj	kj	lj	mj
bk	ck	dk	ek	fk	gk	hk	ik	jk	kk	lk	mk
bl	cl	dl	el	fl	gl	hl	il	jl	kl	ll	ml
bm	cm	dm	em	fm	gm	hm	im	jm	km	lm	mm
bn	cn	dn	en	fn	gn	hn	in	jn	kn	ln	mn
bo	co	do	eo	fo	go	ho	io	jo	ko	lo	mo
bp	cp	dp	ep	fp	gp	hp	ip	jp	kp	lp	mp
bq	cq	dq	eq	fq	gq	hq	iq	jq	kq	lq	mq
br	cr	dr	er	fr	gr	hr	ir	jr	kr	lr	mr
bs	cs	ds	es	fs	gs	hs	is	js	ks	ls	ms
bt	ct	dt	et	ft	gt	ht	it	jt	kt	lt	mt
bu	cu	du	eu	fu	gu	hu	iu	ju	ku	lu	mu
bv	cv	dv	ev	fv	gv	hv	iv	jv	kv	lv	mv
bx	cx	dx	ex	fx	gx	hx	ix	jx	kx	lx	mx
by	cy	dy	ey	fy	gy	hy	iy	jy	ky	ly	my
bz	cz	dz	ez	fz	gz	hz	iz	jz	kz	lz	mz

n	o	p	q	r	s	t	u	v	x	y	z
na	oa	pa	qa	ra	sa	ta	ua	va	xa	ya	za
nb	ob	pb	qb	rb	sb	tb	ub	vb	xb	yb	zb
nc	oc	pc	qc	rc	sc	tc	uc	vc	xc	yc	zc
nd	od	pd	qd	rd	sd	td	ud	vd	xd	yd	zd
ne	oe	pe	qe	re	se	te	ue	ve	xe	ye	ze
nf	of	pf	qf	rf	sf	tf	uf	vf	xf	yf	zf
ng	og	pg	qg	rg	sg	tg	ug	vg	xg	yg	zg
nh	oh	ph	qh	rh	sh	th	uh	vh	xh	yh	zh
ni	oi	pi	qi	ri	si	ti	ui	vi	xi	yi	zi
nj	oj	pj	qj	rj	sj	tj	uj	vj	xj	yj	zj
nk	ok	pk	qk	rk	sk	tk	uk	vk	xk	yk	zk
nl	ol	pl	ql	rl	sl	tl	ul	vl	xl	yl	zl
nm	om	pm	qm	rm	sm	tm	um	vm	xm	ym	zm
nn	on	pn	qn	rn	sn	tn	un	vn	xn	yn	zn
no	oo	po	qo	ro	so	to	uo	vo	xo	yo	zo
np	op	pp	qp	rp	sp	tp	up	vp	xp	yp	zp
nq	oq	pq	qq	rq	sq	tq	uq	vq	xq	yq	zq
nr	or	pr	qr	rr	sr	tr	ur	vr	xr	yr	zr
ns	os	ps	qs	rs	ss	ts	us	vs	xs	ys	zs
nt	ot	pt	qt	rt	st	tt	ut	vt	xt	yt	zt
nu	ou	pu	qu	ru	su	tu	uu	vu	xu	yu	zu
nv	ov	pv	qv	rv	sv	tv	uv	vv	xv	yv	zv
nx	ox	px	qx	rx	sx	tx	ux	vx	xx	yx	zx
ny	oy	py	qy	ry	sy	ty	uy	vy	xy	yy	zy
nz	oz	pz	qz	rz	sz	tz	uz	vz	xz	yz	zz

Tableau usuel de concordance

Numération		Ponctuation												
Chiffres		Virgule de fraction	Barre de fraction	ier, ième, o, ièmement	trait d'union ou de séparation	virgule	point et virgule	deux points	point	point d'interrogation	point d'exclamation	à la ligne	guillemets	ouvrez la parenthèse	fermez la parenthèse	marque de numération ou de ponctuation
1 2 3 4 5 6 7 8 9 0	ˏ	/	×	–	,	;	:	.	?	!	\	«	(	)	+
A B C D E F G H I J	K	L	M	N	O	P	Q	R	S	T	U	V	X	Y	Z

Table littérale par bigrammes N° 2, chiffrante et déchiffrante

aa	ba	ca	da	ea	fa	ga	ha	ia	ja	ka	la	ma	na	oa	pa	qa	ra	sa	ta	ua	va	xa	ya	za
ab	bb	cb	db	eb	fb	gb	hb	ib	jb	kb	lb	mb	nb	ob	pb	qb	rb	sb	tb	ub	vb	xb	yb	zb
ac	bc	cc	dc	ec	fc	gc	hc	ic	jc	kc	lc	mc	nc	oc	pc	qc	rc	sc	tc	uc	vc	xc	yc	zc
ad	bd	cd	dd	ed	fd	gd	hd	id	jd	kd	ld	md	nd	od	pd	qd	rd	sd	td	ud	vd	xd	yd	zd
ae	be	ce	de	ee	fe	ge	he	ie	je	ke	le	me	ne	oe	pe	qe	re	se	te	ue	ve	xe	ye	ze
af	bf	cf	df	ef	ff	gf	hf	if	jf	kf	lf	mf	nf	of	pf	qf	rf	sf	tf	uf	vf	xf	yf	zf
ag	bg	cg	dg	eg	fg	gg	hg	ig	jg	kg	lg	mg	ng	og	pg	qg	rg	sg	tg	ug	vg	xg	yg	zg
ah	bh	ch	dh	eh	fh	gh	hh	ih	jh	kh	lh	mh	nh	oh	ph	qh	rh	sh	th	uh	vh	xh	yh	zh
ai	bi	ci	di	ei	fi	gi	hi	ii	ji	ki	li	mi	ni	oi	pi	qi	ri	si	ti	ui	vi	xi	yi	zi
aj	bj	cj	dj	ej	fj	gj	hj	ij	jj	kj	lj	mj	nj	oj	pj	qj	rj	sj	tj	uj	vj	xj	yj	zj
ak	bk	ck	dk	ek	fk	gk	hk	ik	jk	kk	lk	mk	nk	ok	pk	qk	rk	sk	tk	uk	vk	xk	yk	zk
al	bl	cl	dl	el	fl	gl	hl	il	jl	kl	ll	ml	nl	ol	pl	ql	rl	sl	tl	ul	vl	xl	yl	zl
am	bm	cm	dm	em	fm	gm	hm	im	jm	km	lm	mm	nm	om	pm	qm	rm	sm	tm	um	vm	xm	ym	zm
an	bn	cn	dn	en	fn	gn	hn	in	jn	kn	ln	mn	nn	on	pn	qn	rn	sn	tn	un	vn	xn	yn	zn
ao	bo	co	do	eo	fo	go	ho	io	jo	ko	lo	mo	no	oo	po	qo	ro	so	to	uo	vo	xo	yo	zo
ap	bp	cp	dp	ep	fp	gp	hp	ip	jp	kp	lp	mp	np	op	pp	qp	rp	sp	tp	up	vp	xp	yp	zp
aq	bq	cq	dq	eq	fq	gq	hq	iq	jq	kq	lq	mq	nq	oq	pq	qq	rq	sq	tq	uq	vq	xq	yq	zq
ar	br	cr	dr	er	fr	gr	hr	ir	jr	kr	lr	mr	nr	or	pr	qr	rr	sr	tr	ur	vr	xr	yr	zr
as	bs	cs	ds	es	fs	gs	hs	is	js	ks	ls	ms	ns	os	ps	qs	rs	ss	ts	us	vs	xs	ys	zs
at	bt	ct	dt	et	ft	gt	ht	it	jt	kt	lt	mt	nt	ot	pt	qt	rt	st	tt	ut	vt	xt	yt	zt
au	bu	cu	du	eu	fu	gu	hu	iu	ju	ku	lu	mu	nu	ou	pu	qu	ru	su	tu	uu	vu	xu	yu	zu
av	bv	cv	dv	ev	fv	gv	hv	iv	jv	kv	lv	mv	nv	ov	pv	qv	rv	sv	tv	uv	vv	xv	yv	zv
ax	bx	cx	dx	ex	fx	gx	hx	ix	jx	kx	lx	mx	nx	ox	px	qx	rx	sx	tx	ux	vx	xx	yx	zx
ay	by	cy	dy	ey	fy	gy	hy	iy	jy	ky	ly	my	ny	oy	py	qy	ry	sy	ty	uy	vy	xy	yy	zy
az	bz	cz	dz	ez	fz	gz	hz	iz	jz	kz	lz	mz	nz	oz	pz	qz	rz	sz	tz	uz	vz	xz	yz	zz

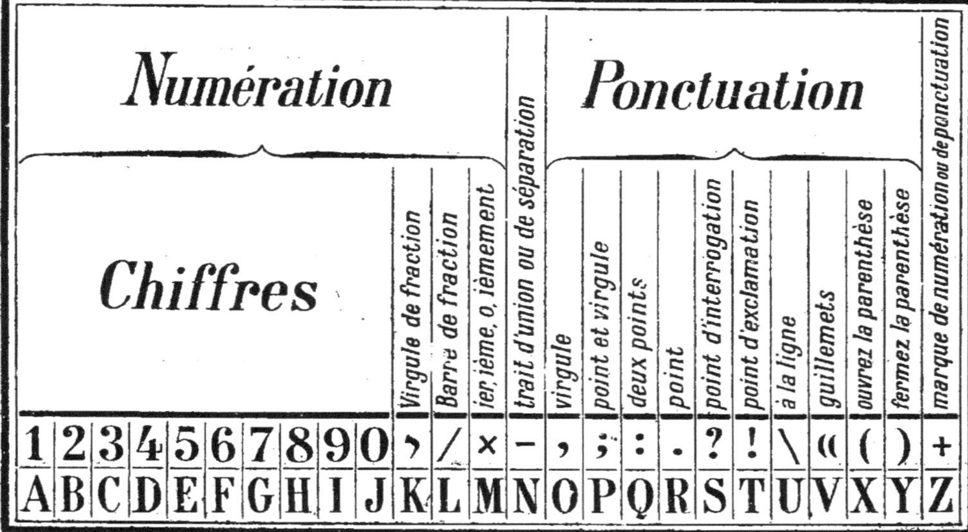

Tableau usuel de concordance

Numération				Ponctuation										
Chiffres				Virgule de fraction	Barre de fraction	ier, ième, o, ièmement	trait d'union ou de séparation	virgule	point et virgule	deux points	point	point d'interrogation	point d'exclamation	à la ligne	guillemets	ouvrez la parenthèse	fermez la parenthèse	marque de numération ou de ponctuation
1 2 3 4 5 6 7 8 9 0	'	/	×	–	,	;	:	.	?	!	\	«	(	)	+
A B C D E F G H I J	K	L	M	N	O	P	Q	R	S	T	U	V	X	Y	Z

TABLE DES MATIÈRES

5*

3ᵉ PARTIE.

SYSTÈMES A MÉTHODES COMBINÉES.

I

II

4ᵉ PARTIE.

NOUVELLES MÉTHODES A CLEFS MULTIPLES.

I

II

Méthodes combinées.

5ᵉ PARTIE.

CRYPTOGRAPHIE NUMÉRIQUE.

I

Transformation des lettres en chiffres.

II

III

APPENDICE.

Support pour alphabets algébriques.
Alphabets algébriques.
Tableau usuel de concordance avec réglette mobile.
Table numérique par bigrammes chiffrante.
Table numérique par bigrammes déchiffrante.
Table littérale par bigrammes n° 1, chiffrante et déchiffrante.
Table littérale par bigrammes n° 2, chiffrante et déchiffrante.

Paris. — Société française d'Imprimerie et de Librairie.

9 782329 571393